Libérez vos émotions
Mode d'emploi

Libérez vos émotions
Mode d'emploi

EDITIONS ESI

Sommaire

Raison et sentiments...

Les émotions ont longtemps eu mauvaise presse : on oppose d'ailleurs souvent raison et émotion. Aujourd'hui encore, nous considérons l'émotivité plus comme un défaut qu'une qualité. Ne dit-on pas d'ailleurs « que l'on a pris une mauvaise décision sous le coup de l'émotion » ? Nous admirons parfois celles et ceux qui ne montrent jamais leurs émotions, car cela témoignerait d'une grande force de caractère... Demandons-nous alors deux choses : au prix de quelles souffrances est-on capable de refouler ses sentiments ? Et la voix d'un homme qui dit « je t'aime » n'est-elle pas la plus douce des musiques ? Heureusement, des recherches récentes font, peu à peu, reculer les préjugés et les idées toutes faites sur les émotions. Alors oui, c'est vrai, les émotions nous poussent à prendre certaines décisions ou à faire certaines actions qui ont des conséquences fâcheuses quelquefois, mais non, elles ne nous sont pas (que) nuisibles... bien au contraire ! Sans elles nous serions perdus, « inutilement rationnels », incapables de ressentir, d'aimer, de détester ou de faire des choses simples comme choisir entre une glace à la vanille ou au chocolat... Les émotions ont fait et font encore partie de notre évolution en tant qu'individu et même au-delà, en tant qu'être vivant, être humain, être pensant et conscient...

Nous verrons donc dans cet ouvrage, sous une forme et un langage clairs et simples, les différents aspects, le rôle et l'utilité des émotions. Nous verrons également quelles sont les techniques que l'on peut utiliser au quotidien pour mieux les maîtriser (et non les refouler !) et comment s'en « libérer » quand elles deviennent trop envahissantes, comme cela arrive dans les cas d'anxiété ou de phobie.

Et enfin, pour terminer sur une émotion positive, nous espérons que vous prendrez autant de plaisir et d'intérêt à lire cet ouvrage que nous avons eu à l'écrire...

Bonne lecture !

Le bonheur et les émotions

« Je vois le monde à travers le filtre de mes émotions, quelle que soit leur force. Le filtre est toujours là, le monde aussi. »

Esther Rochon

Témoignage

« Je sais que je suis quelqu'un d'assez instable au niveau de l'humeur. Disons qu'en général, je suis plutôt de bonne humeur (enfin je crois…), mais que ça peut changer très rapidement selon les événements de la journée. J'admire d'ailleurs beaucoup ma meilleure amie, qui, elle, est toujours la même. C'est incroyable, elle a toujours le même visage serein, quelle que soit la situation ! Je n'ai jamais vu une fille aussi imperturbable. Je ne sais pas comment elle fait. Quand je le lui demande, elle me dit qu'elle-même elle ne le sait pas, qu'elle a toujours été comme ça. Parfois je me demande si elle est juste calme ou même carrément insensible. Bon, moi ce n'est pas du tout la même chose hein ! Je suis très émotive et je peux me mettre dans des états impressionnants très rapidement, et ce dans tous les styles possibles et imaginables. Je peux être soudain très triste, très heureuse, très en colère… Et en fait, je me demande si c'est bien normal quelquefois, parce que ça peut être fatigant de faire le yo-yo comme ça.
Mais le pire, c'est quand je me lève de mauvaise humeur. Ça m'arrive parfois, quand je suis stressée, quand j'ai mes règles aussi j'avoue ou quand j'ai mal dormi. Après, c'est la loi des séries : si ça commence

mal, j'ai l'impression que le reste de la journée va mal se passer aussi, et c'est souvent comme ça que ça se passe d'ailleurs. Comme si le monde s'acharnait contre moi. Dans ces moments-là, je me dis que je suis malheureuse, et même que la vie est malheureuse aussi et qu'il est difficile d'être heureux sur cette terre de toute façon, que ça ne sert à rien de lutter. Bref, je peux faire une vraie journée-déprime. Ce qui m'impressionne souvent, c'est finalement la raison parfois ridicule qui cause de tels états d'âme : plus de café le matin, quelqu'un qui oublie de me dire bonjour ou alors une remarque un peu dure de la part de mon supérieur… comme si mon cerveau était branché sur "je prends mal tout ce qu'on me dit". *Bon, me direz-vous, j'en suis consciente, donc c'est déjà une bonne chose, mais c'est vrai que j'aimerais bien, parfois, ne pas me conditionner comme ça pour la journée, mais plutôt relativiser un peu plus tout ce qui m'arrive, et ne pas partir au quart de tour à chaque fois. »*

Alexandra, 31 ans

Un peu de théorie

Les émotions et les états d'humeur

Les émotions ne sont pas faciles à définir, d'abord parce que plusieurs théories divergent à leur sujet et ensuite parce qu'elles mettent en jeu des mécanismes à la fois sur le plan psychologique et sur le plan physiologique. Mais on peut tout de même définir une émotion de la manière suivante : de par son étymologie, une « é-motion » est un « mouvement », c'est-à-dire un changement dans notre état. Ce changement d'état est dû à un stimulus,

qu'il soit interne (stimulus cognitif, créé par une pensée par exemple) ou externe (par un événement extérieur). Une émotion est donc une réaction à quelque chose : vous vous mettez en colère parce que vous pensez que l'on vous a manqué de respect, vous avez peur parce que vous n'aviez pas vu la voiture quand vous avez traversé, etc. Ces émotions vont mettre en branle des réactions physiologiques : accélération du rythme cardiaque par exemple, « chair de poule » mais aussi écarquillement des yeux, etc.
L'autre spécificité des émotions est qu'elles sont passagères, volatiles : elles peuvent être intenses et disparaître rapidement. Si elles s'installent sur du long terme (sur une journée ou plus), on parlera à ce moment-là d'état d'humeur ou de sentiment. Cela explique en partie ces journées, qui « commencent mal » et qui ont donc beaucoup de chances de se finir mal aussi : les émotions changent notre vision du monde quand elles se prolongent et elles peuvent nous plonger dans une humeur massacrante. Elles donnent alors une couleur à ce qui nous entoure : rose, grise, noir… Elles agissent comme un filtre et nous sélectionnons les événements qui nous confirment dans notre humeur. Comme le dit Alexandra, nous pouvons *« brancher notre cerveau sur "je prends mal tout ce qu'on me dit" »*.
Certaines émotions ont plus de chances de devenir des états d'humeur ou des sentiments : la peur peut par exemple se transformer en angoisse ou en anxiété, la tristesse peut devenir mélancolie, voire dépression. La fréquence et l'intensité des émotions sont importantes pour leur transformation et définissent alors le style émotionnel de chacun : plus une personne est triste, plus elle a de chances que cette tristesse devienne récurrente, voire permanente. Même chose pour la peur. Nous avons tous des facilités à ressentir certaines émotions plus que d'autres, émotions qui, si elles deviennent très fréquentes, se transforment alors en des états d'humeur stables.
Il n'est nul besoin de souligner qu'une personne dont l'état d'humeur général est la tristesse ou l'anxiété aura moins de facilité à ressentir du bonheur qu'une personne qui elle a des facilités à se réjouir de tout.

La prédominance des émotions négatives dans notre existence

Il y a deux sortes d'émotions : les émotions négatives et les émotions positives. Bizarrement, d'un point de vue strictement numéraire, les premières sont bien plus nombreuses que les secondes. Les émotions de base se comptent au nombre de quatre : la joie, la tristesse, la colère et la peur. Nous voyons donc que pour une émotion positive (la joie), nous en trouvons trois négatives. Mais pour quelle raison ?

Du point de vue de l'évolution, et comme la nature est plutôt bien faite, les émotions négatives sont considérées comme plus utiles à notre survie (eh oui, l'évolution se soucie de notre survie, non de notre bonheur). En effet, la peur nous fait éviter les dangers, la colère nous donne de l'énergie pour combattre nos ennemis, la tristesse provoque la compassion et la solidarité…

Il est donc trois fois moins facile de ressentir des émotions positives que de ressentir des émotions négatives, d'autant plus que ces dernières se nourrissent parfois d'elles-mêmes (comme la honte ou la culpabilité par ailleurs). Ne vous est-il jamais arrivé de vous remémorer certains moments où vous vous êtes sentis mal et de « re-sentir » cette même émotion ?

La joie, elle est plus difficile à faire revivre, car le souvenir de la joie est très souvent accompagné d'une certaine nostalgie, qui peut ne pas être désagréable, mais qui teinte la joie d'une couleur un peu sépia, un peu douce-amère… et nous replonge alors dans la tristesse…

À RETENIR

Il nous est plus facile d'éprouver des émotions négatives que positives. À cela, deux raisons principales. Premièrement parce qu'elles sont numériquement plus nombreuses et, deuxièmement, parce qu'il est facile de se replonger dedans, même si le fait qui les avait provoquées est passé depuis longtemps. En revanche il est plus difficile de se remémorer et de ressentir une joie pure, non teintée de nostalgie.

Plus nous sommes atteints par certaines émotions, plus nous développons de capacités à les ressentir. Certaines d'entre elles peuvent donc devenir des traits de personnalité relativement stables. Par exemple, une personne qui ressent fréquemment de la peur deviendra peu à peu anxieuse.

Nous ne voyons pas les mêmes choses ou plutôt nous interprétons les faits de façon différente, selon notre émotion prédominante. Mettez-vous en colère dès le matin et vous passerez certainement une mauvaise journée…

Émotions et communication non verbale

« Les émotions ne sont ni positives ni négatives : elles sont seulement des éléments de notre énergie vitale. Elles ont chacune leur propre fonction. »

Élisabeth Couzon

Témoignage

« Mon père a toujours été peu émotif : il pouvait même paraître carrément insensible. En fait, c'était encore pire, il refusait complètement d'écouter ou de se laisser influencer par ses émotions. D'ailleurs, il disait souvent que seule la logique et la réflexion étaient des signes d'intelligence (et que seules les femmes et les femmelettes pouvaient se laisser aller… je sais, ce n'est pas glorieux !). Bref, c'était un esprit extrêmement cartésien. Il faut dire qu'il était chercheur en sciences physiques et qu'il évoluait dans un milieu très pragmatique, très scientifique.
Le problème, c'est qu'il faisait la même chose avec ses enfants, et refusait complètement de prêter attention à nos états d'âmes : pour lui, c'est juste que nous n'arrivions pas bien à nous maîtriser. Du coup, il paraissait tout le temps distant, mécontent, ce qui n'a évidemment pas amélioré ses relations avec nous. En fait, il était désorienté dès que nous avions un comportement trop "hors norme" : on le voyait se fermer dès que l'un de nous pleurait ou criait ou avait une émotion. Il

n'essayait pas de comprendre pourquoi, et nous consolait rarement en cas de gros chagrin. Je crois simplement qu'il ne savait pas quoi faire, parce qu'il avait tellement cadenassé ses sentiments qu'il ne savait plus les reconnaître et y faire face quand l'un de nous les montrait un peu trop librement… C'est dommage, car au final j'ai l'impression de ne jamais avoir eu de vraie relation avec lui… »

Christelle, 44 ans

Un peu de théorie

Qu'est-ce qu'une émotion ?

Avant de voir les différentes émotions qui existent et comment elles s'expriment chez l'être humain, il serait d'abord utile de définir ce qu'est une émotion, ce qui est une gageure, tellement ce terme d'émotion peut être perçu de façon différente selon les individus. Étymologiquement, « émotion » vient du latin *« motio »*, qui signifie « mouvement ». Une émotion est donc avant tout un mouvement, un changement.

Une émotion est en fait une réaction soudaine de notre organisme face à un stimulus souvent externe. Cette réaction a trois composantes. Premièrement, une composante cognitive : l'émotion agit sur nos pensées, comme nos pensées peuvent d'ailleurs, a contrario, provoquer des émotions vraiment très fortes. Par exemple, quand on se remémore un événement joyeux ou douloureux, ce souvenir peut faire rejaillir de notre mémoire la même émotion, quasi intacte, qui était présente au moment des faits… Ensuite, une émotion a une composante physiologique : toutes les émotions que nous éprouvons se répercutent sur notre corps et déclenchent des phénomènes bien précis dans notre organisme. Et pour terminer, nos émotions ont une composante comportementale, dans la mesure où elles vont nous pousser à agir de telle ou telle manière en fonction des situations que nous vivons, pour satisfaire le besoin qu'elles expriment. On peut remarquer que les composantes comportementales et physiologiques des émotions sont reliées à notre langage et à notre communication non verbale.

La fonction des émotions

Une fois que l'on s'est interrogé sur la nature des émotions, on peut ensuite s'interroger sur leur utilité. À quoi peuvent bien servir les émotions ? Pendant longtemps en effet, ces dernières ont été en quelque sorte dénigrées par les penseurs et les philosophes : seule était valorisée la pensée, la réflexion, c'est-à-dire l'intelligence logique et analytique. De fait, pendant longtemps, les émotions ont eu très mauvaise presse : il ne fallait surtout pas les écouter. Elles ne servaient qu'à nous voiler la face en nous détournant des choses essentielles et à nous faire perdre du temps.

Mais réduire les émotions à la seule fonction de « perturbatrices » ne serait pas leur rendre justice. Car les émotions, au-delà de leur côté versatile et « irréfléchi », ont un langage qui leur est propre, et surtout une vraie fonction de communication : leur expression nous informe et informe autrui sur notre état interne et sur celui des autres. Savoir déchiffrer les émotions, c'est approfondir la connaissance que l'on a de soi et des autres ; les nier, c'est nier l'existence d'une grande partie de l'être humain. Cela équivaut souvent à refuser la communication et la compréhension. Et enfin, connaître et apprendre le langage des émotions, c'est aussi savoir répondre de façon adaptée aux besoins qui s'expriment à travers elles, et ainsi, peut-être, améliorer à la fois la relation à soi mais aussi nos relations interpersonnelles que ce soit dans notre vie privée, sociale ou professionnelle.

Un peu d'histoire…

L'expression des émotions est une notion étudiée depuis assez longtemps et qui passionne maintenant nombre de chercheurs. Le précurseur de ces études était le fameux naturaliste anglais Charles Darwin, passé à la postérité grâce à sa célèbre théorie de l'évolution. Darwin fut de fait le premier à se demander si tous les hommes exprimaient leurs émotions de la même façon (ce qui prouverait en plus que cette expressivité serait non seulement universelle mais innée, et non pas culturelle). Il décida donc d'étudier le sujet en envoyant le même questionnaire à plusieurs correspondants répartis aux quatre coins du monde, pour déterminer si les émotions et leurs mimiques étaient bien universelles. Ainsi demandait-il à ses correspondants d'observer les autochtones qu'ils croisaient, et de lui dire si, par exemple, la surprise était bien manifestée chez eux par des yeux écarquillés, une bouche ouverte et des sourcils relevés. Les réponses confirmèrent ses hypothèses. Darwin en conclut que l'expression des émotions était bien universelle (et innée). Par la suite, ses conclusions furent mises en doute, notamment parce que son protocole d'enquête n'était pas très rigoureux. Mais l'idée d'une universalité des émotions fit son chemin, et elle est toujours d'actualité maintenant. Les chercheurs ont depuis confirmé qu'il existait au moins quatre émotions de base, reconnues universellement : la peur, la colère, la joie et la tristesse (auxquelles certains ajoutent le dégoût et la surprise).

À RETENIR

Les émotions ont évidemment une dimension et des conséquences psychologiques : elles influent sur notre humeur et peuvent modifier momentanément notre vision du monde (quand on est joyeux, ne voit-on pas tout en rose ?). Mais elles ont aussi et surtout une dimension physique forte : elles bouleversent notre aspect extérieur et modifient notre physiologie.

Étudier le langage non verbal en faisant l'impasse sur les émotions ne peut être qu'une erreur, car ces dernières restent une des clefs de voûte de la communication non verbale… Les émotions ont en effet une fonction de communication très importante entre soi-même et les autres. Mais ce n'est pas tout : elles nous renseignent aussi sur nos propres besoins.

Cette fonction de communication est d'ailleurs primordiale, et a contribué à faire de nous tous des êtres sociaux très évolués. Les scientifiques ont en effet démontré que certaines émotions, les émotions dites « de base », étaient reconnues à travers le monde entier, grâce à la spécificité des mimiques et des postures utilisées pour les exprimer…

Le langage corporel de la joie

« Si tu pleures de joie, ne sèche pas tes larmes,
tu les voles à la douleur. »

Paul-Jean Toulet

Témoignage

« La dernière fois que j'ai ressenti une grande joie, c'était lorsque notre équipe, l'Olympique de Marseille, a gagné le championnat, en 2010. J'étais au stade pour le dernier match… je crois que je n'aurais manqué cela pour rien au monde ! Et je crois bien que je m'en rappellerai toute ma vie… On avait de l'avance et on sentait qu'on allait être les champions (et mettre au placard toutes ces années d'amertume footballistique !). Et avant même que le match finisse, j'ai commencé à sentir une énergie incroyable dans mon corps, une énergie relayée par toutes les autres personnes qui m'entouraient… J'avais l'impression d'être plein de chaleur, de vitalité… presque de violence ! Et quand l'arbitre a sifflé la fin du match… Pfff, ça a été comme une explosion ! Je me rappelle bien avoir regardé mon voisin (que je ne connaissais pas mais je m'en foutais !) avec des yeux écarquillés de bonheur et déjà embués par les larmes, et lui avoir sauté au cou dans un grand cri de bonheur ! C'était presque animal, et pourtant tellement beau, tous ces gens qui s'étreignaient pour partager ce moment de bonheur et de joie intenses… Il n'y avait plus de races, plus de jeunes, plus de vieux, tout le monde félicitait et aimait tout le monde, c'était vraiment

magique... Et ça a continué ainsi toute la nuit, sur le Vieux Port... J'ai passé ce soir-là une des meilleures soirées de ma vie, même si le lendemain a été un peu rude à cause d'une gueule de bois, partagée par tous les Marseillais ! »

Medhi, 21 ans

Un peu de théorie

La joie, une émotion capitale

En effet, la joie est essentielle, dans la mesure où c'est la seule émotion de base connotée de manière positive. Ainsi, à côté de la peur, de la tristesse et de la colère (sans parler du dégoût...), la joie doit se sentir bien solitaire ! Bien sûr, l'émotion « joie » se décline elle-même sous différentes formes, en fonction de son intensité ou encore de sa durée : on parle ainsi de félicité, de bonheur, de plaisir, de bien-être, de bonne humeur, d'optimisme... Mais aucun de ces sentiments/émotions ne rivalise avec la joie, car c'est cette dernière la plus intense de toutes.

Mais à quoi sert la joie ? Tout simplement à fêter un événement positif, que ce dernier soit une victoire contre un adversaire, la naissance d'un enfant, ou encore un mariage heureux, la réussite à un examen, des retrouvailles... La joie a en fait plusieurs « fonctions », la principale étant de nous faire partager cet état avec les autres... Cette fonction est flagrante par exemple dans le cas d'un match de football : il n'y a en effet qu'à regarder les supporters d'une équipe victorieuse pour s'en apercevoir très vite ! D'ailleurs, ne vous est-il jamais arrivé d'apprendre une bonne nouvelle et d'être frustré de ne pas pouvoir la partager parce que vous étiez seul et que vous ne pouviez joindre personne ? La joie est l'émotion que l'on partage le plus facilement : c'est l'émotion de l'attachement, du plaisir, de l'amour en général. Et même le fait de la partager la prolonge et la renforce...

Les gestes de la joie

il est donc logique que les gestes liés à nos moments et à notre sentiment de joie soient quasiment tous dirigés vers les autres, de façon à partager celle-ci le mieux possible : nous nous prenons dans les bras ou nous nous étreignons. La joie nous amène également à faire beaucoup de gestes ascendants (du bas vers le haut), comme si, dans cet état, nous avions l'impression d'être plus grands, plus forts. On a l'impression d'être sur un nuage. D'ailleurs, c'est souvent le cas : on se sent facilement invulnérable, et surtout on prend confiance en nous, quand on éprouve une grande joie, et cela se reflète dans notre gestuelle, très assertive (très affirmée). Si on reste dans le domaine du sport, il suffit d'observer les footballeurs qui mettent un but pour s'en convaincre : leur premier geste est souvent de brandir un poing victorieux ou deux vers le ciel... avant de se faire sauter dessus par les autres membres de l'équipe ! Même chose pour les supporters, qui sautent naturellement de leurs gradins (ou de leurs fauteuils) pour fêter la victoire...
Au niveau du visage, la joie est également une émotion qui provoque une dilatation et une expansion de nos traits. Ainsi, on écarquille nos yeux, on ouvre notre bouche (pour crier la plupart du temps), ce qui donne un visage plus « dilaté » et donc plus avenant. D'ailleurs, symboliquement, plus on dilate notre visage, plus on ressemble à un bébé : de grands yeux, un visage joufflu... ce qui nous rend plus sympathiques, forcément !

Des larmes de joie...

Cependant, il est également vrai que dans certains cas, il peut nous arriver de pleurer quand nous éprouvons une grande joie, ce qui peut paraître paradoxal, tellement les pleurs sont habituellement associés à la tristesse. Il nous est à tous arrivé de pleurer lors d'un mariage par exemple, et ce, même

quand, parfois, on ne connaît pas très bien les mariés (allons, cela nous est arrivé à tous…) ! Alors pourquoi pleure-t-on quand on est très heureux ?
Les scientifiques, à vrai dire, ne sont pas très sûrs quant à la fonction ou la cause de ces larmes. Certains avancent que les larmes de joie, symboliquement et physiquement, nous aideraient à évacuer un « trop plein » d'émotions, c'est-à-dire une tension psychique très intense. Cela expliquerait les larmes de ceux qui sont reçus à un examen par exemple, puisque les larmes représenteraient alors le relâchement de toute la tension et la concentration liée au stress. Elles ne seraient donc pas directement liées à la joie mais à une émotion plus complexe.
D'autres pensent que les larmes sont dues au fait que la joie n'est pas pure au moment où on pleure, et qu'elle est ainsi mélangée à un peu de tristesse, aux souvenirs de souffrances passées, ce qui paraît tout à fait plausible. Cela peut ainsi expliquer que l'on pleure lorsque l'on retrouve quelqu'un de cher (on pense à tout le temps qu'on a passé séparé de lui) ou même quand on fête une victoire et qu'on se remémore tous les bons et mauvais moments endurés avant cette victoire…

À RETENIR

La joie est l'une des émotions les plus communicatives, puisque c'est là justement sa fonction : le partage. Ainsi, quand on éprouve de la joie, on ressent le besoin pressant de le dire à tout le monde, car on sait aussi, inconsciemment, que le fait de partager la bonne nouvelle va raviver et faire durer cette belle émotion encore plus longtemps…

Ainsi, lorsque l'on éprouve de la joie, nos gestes sont en général ascendants (on se « sent plus grands » voire parfois invulnérables). Notre posture est aussi plus portée vers les autres (via les étreintes et autres embrassades…). Même nos mimiques sont destinées à nous rendre plus avenants pour « attirer » les autres : sourires, rires, etc.

La joie intense se manifeste aussi parfois par des larmes, ce qui peut sembler étrange, quand on y réfléchit ! Pleurer permettrait ainsi d'évacuer un trop plein d'émotions (toutes les émotions fortes sont liées à une grande tension psychique, même le bonheur !). Mais cela peut aussi signifier que la joie est alors teintée d'un peu de tristesse…

Le langage corporel de la tristesse

« Les larmes qui coulent sont amères,
mais plus amères encore sont celles qui ne coulent pas. »

Proverbe gaélique

Témoignage

« Je travaille depuis deux ans dans une boîte bordelaise comme assistante de direction, je me retrouve donc tous les jours que Dieu fasse avec le grand patron. Ce type m'a souvent paru extrêmement antipathique à vrai dire, voire insupportable. En fait, il est très narcissique et parle beaucoup en "Moi, je", ce qui a évidemment le don de m'énerver. Il y a un mois, alors que je travaillais, il est arrivé dans mon bureau en vociférant, et en me balançant le travail de toute une matinée dans la figure, avant de repartir dans son bureau. Ça a été la goutte qui a fait déborder le vase. Je me suis promis que je devais lui dire ce que j'avais sur le cœur, et je suis entrée dans son bureau. Et là, surprise, je l'ai vu recroquevillé sur son siège, la tête dans ses mains et prêt à pleurer. Du coup, ça m'a tellement sidérée que j'ai abandonné toute agressivité tout de suite. Je l'ai même consolé ! Il m'a alors dit que sa femme le quittait, et qu'il était au fond du gouffre : il s'est vraiment ouvert à moi avec beaucoup de sincérité, en mettant même en cause sa personnalité, qu'il sait difficilement supportable. Ça m'a fait de la peine pour lui, et en même temps j'étais contente qu'il soit un peu lucide sur lui-même : je crois que la perte de sa femme lui faisait se poser

beaucoup de questions. Plus tard, il m'a remerciée de l'avoir écouté. Je lui ai quand même dit ce que je voulais lui dire, mais beaucoup plus en douceur… Depuis, nos rapports sont beaucoup plus cordiaux. »

Annabelle, 29 ans

Un peu de théorie

La tristesse, une étrangeté évolutionniste ?

La tristesse est généralement provoquée par la perte de quelque chose ou de quelqu'un, c'est même une étape indispensable du processus normal de deuil ou de séparation. C'est une émotion qui peut facilement devenir sentiment, car la tristesse se prolonge très souvent (alors qu'une émotion, par définition, doit rester brève). Elle peut même mener à des états dépressifs importants. Et même sans aller jusqu'à la dépression, on peut parler de mélancolie, de déprime, de spleen, ou encore de nostalgie quand on se sent triste. En plus on peut même l'être sans vraiment savoir pourquoi ! Alors à quoi cela sert-il d'être triste ?

En effet, si on se pose dans une optique évolutionniste, la tristesse doit avoir une fonction ; sans cela, cette émotion n'aurait pas « survécu » à l'évolution. On peut étudier maintenant les deux fonctions principales de la tristesse : premièrement, elle peut avoir une fonction d'apaisement du conflit en stimulant l'empathie (par exemple, on est en colère contre quelqu'un, on le voit triste ou en train de pleurer, et de ce fait on perd toute agressivité, on s'adoucit, on éprouve un sentiment de sympathie pour lui, on a envie de le consoler). Ensuite, la tristesse aurait une fonction de réflexion sur soi : quand on est triste, on a tendance à se retirer du monde, à ne plus voir ses amis ou à moins s'exprimer. Cet isolement permettrait donc de se retrouver avec soi et de réfléchir à ses soucis. Être triste nous aiderait donc à prendre du recul sur les choses…

Les gestes et le visage de la tristesse

Cette notion de recul et de retrait est importante dans la gestuelle de la tristesse. En effet, sous le coup d'une telle émotion, le corps a tendance à se recroqueviller et à s'affaisser, comme si inconsciemment on voulait se soustraire au monde, ou du moins prendre le moins de place possible. On se sent tellement mal qu'on aimerait disparaître. D'ailleurs, on a souvent tendance à vouloir être seul quand on est triste, ce qui ne nous aidera pas car c'est au contraire le fait de se sentir soutenu et aimé par nos proches qui peut nous aider et nous changer les idées. Comme quoi, on peut désirer quelque chose et avoir besoin d'autre chose…

Au niveau de la tête, on assiste aussi à une tentative d'isolement : les mains sur la tête, les yeux quelquefois fermés ou du moins baissés, le regard dans le vague, tout participe à un objectif : s'absenter de soi-même et du monde. Le visage s'affaisse également : la bouche (via les commissures des lèvres) tire vers le bas. D'ailleurs, si vous pensez à l'« émoticone » de la tristesse (qui est représenté :( ), c'est ce détail en particulier qui nous indique que ce visage, même très simplifié, est triste. Enfin, pour ceux qui veulent confondre les simulateurs de la tristesse, c'est au niveau des sourcils et du front qu'il faut regarder : les sourcils prennent une position oblique, ce qui a pour effet de faire plisser le front. Ce mouvement est normalement très difficile à refaire, quand on n'éprouve pas vraiment cette émotion…

Les larmes, une autre curiosité du corps humain

Bien sûr, il est impossible de parler des signes de tristesse sans parler des larmes. On sait que la joie peut aussi parfois provoquer des larmes chez certaines personnes, surtout si cette joie est teintée de tristesse ou de nostalgie, et que ces larmes peuvent apparemment servir à évacuer une sorte de trop-plein psychique. D'après certaines études, pleurer de tristesse serait même bénéfique et contribuerait à évacuer cette émotion plus rapidement, comme l'illustre d'ailleurs très joliment le proverbe « *Les larmes qui coulent sont amères, mais plus amères encore sont celles qui ne coulent pas.* » Les larmes ressembleraient donc à une sorte de protection psychique. D'ailleurs, il semblerait que nous sachions cela inconsciemment. Par exemple, il nous paraît souvent inquiétant de voir une personne faire face à un deuil sans verser une larme, car on a alors l'impression qu'elle n'arrivera jamais à faire son deuil si elle n'extériorise pas sa tristesse.

D'ailleurs à un niveau physiologique, les larmes de tristesse sont très différentes des larmes qui se trouvent naturellement dans nos yeux pour en enlever les impuretés : elles sont chargées de toxines provoquées par le stress et nous aident ainsi à les évacuer. De même, le message nerveux qui provoque les larmes serait aussi responsable de la production d'antalgiques naturels, qui calmeraient notre douleur… Alors la prochaine fois que vous êtes triste, n'hésitez pas à pleurer, c'est apparemment bon pour la santé…

À RETENIR

On se sent généralement triste quand on a le sentiment d'avoir perdu quelque chose ou quelqu'un. L'émotion est alors souvent proportionnelle à notre attachement pour ce qui a été perdu, et peut même se transformer en sentiment profond. Car la tristesse est susceptible de provoquer des ruminations, qui nourrissent à leur tour le sentiment de tristesse…

En fait, la tristesse permet en effet de prendre du recul sur soi et de se poser des questions importantes (parfois trop, il est vrai !). La gestuelle va d'ailleurs dans ce sens : le corps et le visage sont affaissés, en retrait. Mais ces mimiques sont aussi là pour provoquer la sympathie de ceux qui en sont témoins, ou même calmer leur agressivité.

Les larmes seraient un moyen physiologique pour évacuer les toxines liées au stress des émotions négatives. Elles pourraient calmer la douleur « psychique » que l'on ressent, en évacuant la tension qui y est liée. Elles seraient également à mettre en relation avec la production dans notre corps d'antalgiques naturels, qui sont en fait des antidouleurs.

Le langage corporel de la colère

« L'important n'est pas la manière dont l'injure est faite, mais celle dont elle est supportée. »

Sénèque

Témoignage

« Je ne suis pas quelqu'un de très colérique. À vrai dire, en règle générale, mes amis m'admirent plutôt pour mon sang-froid et ma capacité à prendre du recul afin de ne pas devenir agressive. La seule fois où je me suis vraiment énervée, c'était contre un type, Grégory, avec qui je vivais à l'époque en colocation. Nous étions quatre dans une grande maison, et nous partagions ainsi les frais de location, d'énergie, de nourriture, etc. À vrai dire, dès le début, ça ne s'était pas bien passé avec Grégory : il était très spécial, hautain, peu sociable, et toujours à discourir sur "les gens qui font n'importe quoi, qui profitent du système, etc." *Je le trouvais gonflé, parce que lui-même profitait du système. Il était au chômage depuis plus d'un an, mais faisait du "black" à côté : du coup, il gagnait plus que moi, qui travaillais dans un magasin de fringues. Un jour, il a dépassé les bornes en critiquant de façon injustifiée mon frère, qui était au chômage depuis quelque mois, en le traitant de fainéant. J'ai commencé à serrer les poings, je me suis levée, tendue comme un arc, je me suis approchée de lui, et je crois bien que je l'aurais frappé si je ne m'étais pas retenue à temps. Je lui ai finalement crié de dégager le plancher. D'ailleurs, en y repensant*

encore maintenant, je sens mon cœur qui s'emballe et j'ai encore mes poings qui se serrent ! Heureusement, il est parti peu après de la colocation... À croire que je lui ai vraiment fait peur, à cet emmerdeur ! »

Alexia, 35 ans

Un peu de théorie

Les gestes de la colère

La colère a deux fonctions distinctes mais simultanées : dans un premier temps, elle permet de préparer son corps en cas d'attaque imminente, et sert également à avertir l'autre de l'immédiateté de cette attaque, c'est-à-dire qu'elle l'intimide pour justement le dissuader et éviter le conflit. Ainsi, quand on est en colère, notre organisme entier se mobilise pour « effrayer » l'autre. Notre volume sonore augmente, notre visage devient menaçant : on a les lèvres serrées, les sourcils et la mâchoire contractés, et une rougeur caractéristique peut même empourprer le visage et le cou. Cette rougeur vient notamment du fait que nos vaisseaux périphériques se dilatent pour faire passer plus de sang : d'où cette impression de chaleur qui se répand en nous. Au niveau du corps, le même phénomène se produit : nous devenons tendus, crispés, comme si nous n'attendions qu'un seul signal pour frapper. Et effectivement, des études ont montré que le cœur se mettait à battre plus vite pour mieux irriguer les membres, afin de mieux attaquer. Les poings et les bras, notamment, bénéficient à ce moment-là d'une augmentation de leur tonus musculaire (d'où les poings serrés). Pour intimider l'autre, nous pouvons même aller jusqu'à nous imposer tout près de lui, sur son territoire, son espace intime. D'ailleurs, c'est souvent à ce point de la confrontation que le débat peut s'envenimer, car l'autre, se sentant aussi attaqué sur son intégrité, peut alors se mettre en colère à son tour...

Des colères différentes ?

La colère fait bien partie des émotions de base, tout comme la peur ou la joie. Cependant, il faut préciser une chose : si la colère en elle-même est une émotion éprouvée de façon universelle (on se met en colère partout dans le monde), la façon dont elle se manifeste peut varier énormément d'une personne à l'autre. Est-ce culturel ? Individuel ? Nous n'avons pas la réponse absolue et définitive à cette question, mais on peut cependant apporter quelques éléments de réponse...

Par exemple, il est communément admis que les femmes sont moins agressives que les hommes (ou d'une agressivité plus détournée, plus passive, plus intérieure). Cela viendrait d'une part de la génétique (les femmes produisent moins de testostérone que les hommes, une hormone qui augmente l'agressivité), et d'autre part de notre culture. En effet, alors que les rapports de force entre hommes sont plutôt valorisés (notamment à travers le culte de la compétition), ces mêmes démonstrations de force sont plutôt découragées chez les filles. Ainsi, la colère et ses comportements violents ne correspondraient pas à l'image de la femme classique, qui se doit d'être douce et séductrice...

Si l'on analyse la colère d'un point de vue culturel, là encore, cette émotion peut être inhibée ou valorisée selon les cultures. En Asie, par exemple, se mettre en colère est très mal vu. Le conflit est considéré comme socialement inacceptable, parce que ces sociétés valorisent la communauté « aux dépens » de l'individu.

Quand on ne peut pas se mettre en colère...

Mais la colère n'est pas seulement une question de culture, de génétique ou de sexe : c'est aussi une question d'adversaire ! Effectivement, des études prouvent que nous avons tendance à inhiber notre colère face à quelqu'un de beaucoup plus fort que nous. L'évaluation de l'autre se fait instantanément, et notre corps choisit – ou pas – de donner une suite immédiate à notre émotion. Ainsi, nous « choisissons » nos adversaires, de manière à lutter à armes au moins à peu près égales, même si cela dépend aussi de la situation et de la personnalité de chacun.

Ainsi, face à quelqu'un de plus costaud qui serait susceptible de crier plus fort que nous (ou que la décence nous empêche de frapper, comme une personne âgée ou un enfant) nous allons parfois mettre en place d'autres mécanismes de défense… Le plus fréquent de ces mécanismes utilisés est le « déplacement » : nous allons déplacer la colère vers un autre objet que celui qui l'a provoquée : par exemple, nous allons nous venger sur notre conjoint, ou sur la poubelle des toilettes… qui tous deux, n'avaient rien demandé et étaient parfaitement innocents ! D'autres personnes, plus mûres émotionnellement, vont, elles, faire du sport, ce qui leur permettra de décharger toute l'énergie qu'elles ont emmagasinée, de façon ritualisée et encadrée (la boxe est par exemple un sport où l'agressivité est ritualisée). D'autres, enfin, vont retourner cette colère contre eux-mêmes, en compensant par la nourriture ou les maladies psychosomatiques…

À RETENIR

La colère a deux objectifs distincts mais complémentaires. Ainsi, notre corps se mobilise pour intimider l'autre et se préparer au combat si les manœuvres d'intimidation échouent. Le cœur bat plus vite, notamment pour bien irriguer les bras et les poings, et notre gestuelle devient dominante pour faire céder ou faire fuir notre adversaire.

En effet, la colère est ressentie de la même façon partout évidemment, mais ne se concrétise pas de la même manière pour tout le monde : chez les femmes notamment, ses manifestations physiques sont beaucoup plus inhibées. Dans certaines cultures également, la colère fait tache dans le groupe et est donc réprimée, pour le « bien » de tous.

Il existe des cas où « on ne se sent pas » de se mettre en colère, par exemple parce que la personne en face est beaucoup plus forte ou plus faible que nous (notre instinct de survie ou notre correction nous stoppent). Dans ces cas-là, nous allons souvent déplacer cette colère vers d'autres sujets, qui peuvent être un collègue, le conjoint, voire nous-mêmes…

Le langage corporel de la peur

« La peur naît à la vie plus vite que toute autre chose. »

Léonard de Vinci

Témoignage

« La plus grande peur de ma vie, je l'ai eue en voiture, comme la plupart des gens je suppose ! J'étais avec une amie et nous roulions vers la plage, un beau et long week-end de juin. Il n'y avait pas grand monde et nous faisions les idiotes dans la voiture, comme des gosses. À vrai dire, je ne sais plus trop à quelle vitesse nous roulions, mais je devais aller assez vite : personne sur la route, du beau temps… je n'ai pas fait attention.

Et puis à un moment donné, une voiture a surgi d'un petit chemin sur la droite, à une intersection que je n'avais pas remarquée. Elle aurait dû me laisser passer puisque j'étais sur un axe prioritaire, et c'est certainement la raison pour laquelle je n'y ai pas prêté attention. Bref, quand je l'ai enfin vue, elle était déjà très proche, trop proche en fait, et j'ai senti mon cœur faire un bond dans ma poitrine. En un réflexe, j'ai tourné le volant vers la gauche pour l'éviter, et je me rappelle très bien avoir fermé les yeux, peut-être pour ne pas voir ce qui allait se passer. Ma voiture a dérapé et nous avons fait un tonneau, avant que le cul de la voiture ne termine dans un fossé peu profond. Quand j'ai ouvert les yeux, j'ai d'abord vérifié que nous n'avions rien, et à part quelques contusions, c'était un miracle, nous étions indemnes. J'ai alors éclaté en sanglots en tremblant de tous mes membres, à la pensée que nous aurions pu mourir. Je crois que c'est à ce moment-là que j'ai réalisé que j'avais eu vraiment, vraiment peur… »

Alicia, 28 ans

Un peu de théorie

La peur réflexe

La peur est la plus fondamentale de toutes les émotions parce qu'elle est directement liée à notre instinct animal de survie. Mais toutes les peurs ne sont pas les mêmes. Effectivement, on peut distinguer deux types de peur : la peur réflexe et la peur « apprise ». La peur réflexe, c'est celle que l'on ressent par exemple lors d'un accident de voiture : c'est celle qui nous fait réagir instantanément face à un danger, sans réfléchir, sans même que nous ayons vraiment conscience d'avoir agi. Souvent, les victimes le disent elles-mêmes : on ne réalise vraiment qu'on a eu peur que lorsque le danger est écarté, c'est-à-dire une fois qu'on a pu véritablement « penser » à ce qu'on a vécu. Cette peur-là est la plus primitive, la plus « reptilienne » aussi, dans la mesure où la réaction (par exemple, le fait de tourner le volant pour éviter un accident) est purement automatique et instinctive : elle ne fait intervenir aucune sorte de raisonnement. Cette peur-là est, la grande majorité du temps, liée à une menace sur notre intégrité physique ou à quelque chose d'inconnu et d'inattendu, auquel on ne s'attendait pas. C'est celle qui vous fait sursauter quand une porte claque ou quand quelqu'un vous surprend en posant une main sur votre épaule. Ces réflexes automatiques ont un avantage évident : dans certains cas, il serait trop long, voire dangereux de prendre le temps de réfléchir à la meilleure chose à faire ! Cette peur-là a donc un grand impact sur notre comportement non verbal.

Les gestes de la peur

Nous allons donc surtout parler de la gestuelle liée à la peur réflexe. Cette peur est, on l'a vu, liée à notre cerveau reptilien (le cerveau de survie), qui n'est pas un cerveau axé sur la réflexion, bien au contraire. En fait, le cerveau reptilien est plutôt « bête », car il ne peut intégrer de comportement nouveau. Quand il a peur, le cerveau reptilien ne peut agir que de trois façons différentes : soit il commande de fuir, soit il commande d'attaquer, soit il préfère que l'on « fasse le mort », c'est-à-dire qu'on ne bouge pas. Dans tous les cas, il va nous pousser à mettre notre corps en état de forte vigilance pour que l'on puisse réagir au quart de tour : nos cinq sens vont s'aiguiser (nos yeux par exemple vont s'agrandir), notre cœur et notre respiration vont s'accélérer et notre sang va déserter le haut du corps pour affluer vers les jambes, pour pouvoir courir, si besoin (c'est donc la raison pour laquelle notre visage pâlit quand nous sommes effrayés). En revanche, si le danger devient vraiment imminent (comme dans un accident de voiture), le corps va tenter de se protéger : les yeux se ferment, les bras se mettent en position de protection devant les endroits vitaux, les genoux peuvent remonter devant le ventre et le corps se gaine et se contracte pour accueillir les chocs dans les meilleures conditions (même les testicules de ces messieurs remontent pour se mettre à l'abri !). Comme quoi, finalement, le cerveau reptilien n'est pas si idiot que ça !

La peur apprise

La peur « apprise » s'apparenterait plus à une sorte d'anxiété ou à de l'angoisse. C'est celle qui nous fait dire, par exemple : *« J'ai peur de voir le patron pour lui demander une augmentation. »* Elle s'appuie beaucoup sur la personnalité, sur des blocages psychologiques et sur la façon dont chacun voit le monde, plus que sur l'instinct de survie à proprement parler (même si elle peut aussi y être liée, comme la peur de la mort). Les peurs apprises sont, de fait, propres à chacun. Les angoisses, ou encore les phobies, sont souvent consécutives à un traumatisme, conscient ou inconscient, qui a marqué la personne très profondément. Et elles resurgissent, par exemple, à certains moments qui peuvent rappeler le traumatisme subi. C'est en cela qu'elles sont « apprises ».

Peurs et angoisses sont donc deux choses différentes en théorie (même si dans les faits, elles peuvent être confondues…). Effectivement, la peur est une réaction plutôt brève, consécutive à un événement précis, et donnant lieu à une communication non verbale qui correspond à cette émotion, qui est plutôt stéréotypée et primitive. L'angoisse, elle, se focalise le plus souvent sur des événements à venir ou attendus (donc « irréels » à l'instant où on la ressent). Elle s'assimile à l'appréhension. Elle peut durer longtemps, par exemple toute une vie, et n'avoir pourtant aucun fondement réel. Enfin, elle peut donner lieu à des comportements et des réactions très diverses (se ronger les ongles…) et non stéréotypées.

À RETENIR

La peur que l'on peut ressentir en situation de danger est exactement la même que celle que les autres espèces animales ressentent : c'est celle qui nous fait agir pour survivre de façon instantanée. Elle est liée à notre cerveau reptilien, le plus primitif, et agit directement sur notre comportement, sans que notre cerveau passe par la case « réflexion ».

Ainsi, la peur réflexe nous pousse à adopter des comportements stéréotypés, qui varient selon les situations. Mais dans tous les cas, cette émotion nous prépare à agir dans l'urgence, en augmentant notre niveau de vigilance d'une part, et d'autre part en faisant en sorte que notre corps se protège le plus possible en cas de menace physique.

L'autre type de peur que l'être humain peut ressentir est un sentiment plus diffus, s'apparentant plus à de l'angoisse, à de l'anxiété, ou même aux phobies. Toutes ces « peurs » provoqueraient des réactions plus psychologiques que réellement physiques. Enfin, les angoisses sont propres à chacun, puisqu'elles sont souvent liées à des traumatismes personnels.

Accepter ses émotions et ses sentiments

« Ce doit être cela, la maturité, sentir ses chaînes tout à coup et les accepter, parce que fermer les yeux ne les abolit pas. »

André Langevin

Témoignage

« J'ai longtemps eu une sorte de phobie des émotions. Mes parents n'étaient pas du tout démonstratifs, et la discrétion était pour eux une des premières qualités à avoir, a fortiori pour un homme. Selon mon père, un homme devait être fort, et les larmes étaient pour lui l'apanage des femmes. Même les émotions, c'était un truc de femmelette. D'ailleurs, quand ma mère est morte d'un cancer, il n'a pas versé une larme et n'a montré aucun signe de peine : il est même allé pêcher comme d'habitude juste après son enterrement. La famille en a été scandalisée pendant longtemps, et tout le monde l'a taxé d'insensible. Moi, je suis sûr qu'il était quasi désespéré, mais je me disais aussi que peut-être, à force de ne jamais montrer ses émotions, il finissait tout simplement par ne plus les ressentir. Ou s'il les cachait, il le faisait drôlement bien.

Du coup, j'ai moi aussi développé un flegme incroyable, et j'en ai beaucoup joué, notamment au travail : rien ne paraissait me toucher, et cela m'était très utile quand j'étais en pleine négociation, je donnais l'impression d'être insaisissable. Personne, d'ailleurs, ne pouvait réellement me cerner, et surtout pas moi-même d'ailleurs... Normal ! En me coupant de mes émotions, je me coupais de toute une partie de ma personnalité.

J'ai eu un électrochoc quand mon père a eu un infarctus. Il s'en est sorti, mais n'est pas resté le même. Tout à coup, il a complètement changé : il est devenu étonnamment humain, étonnamment sensible : j'avais du mal à le reconnaître. Et je me souviendrai toute ma vie de la phrase qu'il m'a dite alors qu'on était tous les deux et qu'il venait de se réveiller après l'opération : "Si j'avais été moins con, j'aurais été beaucoup plus gentil avec ta mère, je lui aurais dit tous les jours que je l'aimais. Et maintenant, tout ce que je peux lui dire, c'est qu'elle me manque plus que tout... Mais est-ce qu'elle m'entend ? Si je dois te donner un conseil, mon fils, c'est de ne pas avoir peur de tes sentiments. Moi, en fait, ça m'a bouffé de les cacher, et je me retrouve maintenant seul comme un idiot avec mes regrets..." *Je n'oublierai jamais ces mots.*

Maintenant, quand je ressens quelque chose, je n'essaie plus forcément de le cacher, et je crois sincèrement que ça m'aide avec les autres : ils me prennent moins pour un extraterrestre. Et puis même moi, je me sens mieux : ça fait du bien de partager ce que l'on ressent, que ce soit sa joie ou sa peine... »

Damien, 48 ans

Un peu de théorie

Les émotions réprimées

Dans notre culture, montrer ses sentiments n'est pas toujours bien vu ou valorisé. Il est par exemple courant d'entendre que les garçons ne pleurent pas et que les filles ne doivent pas se montrer colériques. D'ailleurs, enfant, quand on exprime certains sentiments, il arrive que l'on soit rabroué ou même puni : la jalousie est par exemple durement sanctionnée. Et quand un enfant montre sa colère, les adultes le taxent alors de « méchant », au lieu, parfois, d'essayer de comprendre pourquoi il la ressent. L'enfant comprend alors qu'il devient « mauvais » quand il est en colère, et fait une confusion entre sa valeur intrinsèque et un comportement désigné comme blâmable (le fait de crier sur sa sœur ou de casser ses jouets). Même l'amour est sujet à ce genre de censure : quand les parents ne sont pas démonstratifs l'un envers l'autre, l'enfant intègre qu'il ne faut pas montrer ses sentiments, même quand ils sont positifs ! Rien d'étonnant alors, quelques années plus tard, que l'enfant devenu adulte ait toujours autant de mal à dire « *je t'aime* »...

Raison et sentiments

L'autre raison qui pousse les gens à ne pas écouter ou à ne pas montrer leurs émotions est l'hypothèse selon laquelle les sentiments font faire des bêtises. Ils opposent ainsi la raison, logique, aux sentiments et émotions, illogiques voire parfois dangereux. Alors qu'il n'en est rien ! Les deux sont nécessaires, et même complémentaires. Si nous disposions seulement de nos capacités intellectuelles pour vivre au quotidien (en excluant notre intelligence émotionnelle), quels inadaptés nous ferions. Nous serions, il est certain, beaucoup moins intelligents. Car nos émotions, en nous donnant des indications sur nos besoins, nos désirs, ce que l'on aime ou pas, nous aident à prendre nombre de décisions importantes, pour lesquelles un raisonnement logique ne serait d'aucune utilité. Nous couper de nos émotions, c'est donc nous couper d'une partie (importante) de nous-mêmes, comme le dit très bien Damien. Si vous ne ressentiez pas d'émotions, comment sauriez-vous que vous préférez Gisèle à Béatrice ? ou la glace chocolat plutôt que café ? Feriez-vous des colonnes de « pour » et « contre », ou une équation logarithmique ?

Évidemment, il arrive que nos émotions soient tellement fortes à certains moments qu'elles nous influencent sur un mode pulsionnel : on ne réfléchit plus du tout, on agit. Mais ces situations sont au final très rares et souvent vécues comme des urgences (nous ressentons une peur très intense donc nous nous protégeons). Et c'est aussi, parfois, quand justement on n'a pas suffisamment exprimé ce que l'on ressentait que tout ce que l'on avait emmagasiné éclate d'un seul coup !

Accepter ses sentiments, une condition de l'estime de soi

En effet, comment s'estimer si on n'a accès qu'à une partie de soi ? L'estime de soi est, avant tout, la connaissance de soi, de ce que l'on ressent, de ses besoins. Et si on freine ou réprime ses émotions, il devient impossible de savoir ce dont on a besoin. Mieux vaut apprendre à repérer et nommer ce que l'on ressent, pour pouvoir ensuite y réfléchir et déterminer les meilleurs comportements à tenir. Sans les indications que sont les émotions, il est en effet quasiment impossible de déterminer un comportement adéquat. Et puis réfléchir à ce que l'on ressent, c'est déjà prendre du recul par rapport à certaines situations qui nous dépassent. Dire *« je suis en colère »*, c'est autre chose que taper directement du poing, et c'est souvent plus constructif, car cela intellectualise l'émotion et la rend donc moins vivace.

Enfin, l'intelligence émotionnelle fait partie intégrante des compétences relationnelles, compétences elles-mêmes très liées à l'estime de soi. L'intelligence émotionnelle permet en effet de créer et de maintenir des relations satisfaisantes, saines, de se sentir choyé et aimé, et donc de s'aimer en retour.

À RETENIR

En dehors des conséquences parfois importantes sur le corps (problèmes de sommeil, de peau et autres troubles psychosomatiques), réprimer, refuser ses émotions et ses sentiments est très négatif. Cela nous coupe en effet d'une partie des informations dont on a besoin pour mieux vivre et savoir ce qui nous fait du bien.

Ce n'est pas pour cela qu'il faut pour autant tout le temps les exprimer, mais au moins en prendre conscience et les nommer. Cela permet de mieux comprendre nos réactions, et celles des autres, et, par la suite, de les gérer de façon plus adaptée.

Gérer ses émotions, et de fait celles des autres, est une façon de créer du lien avec son entourage, en ayant le bon comportement au bon moment. Et le rapport aux autres entre pour beaucoup dans l'évaluation que l'on fait de sa propre valeur…

Animer son corps, réveiller sa réceptivité

« Pour danser, il faut partir du rythme du cœur, laisser la respiration ouvrir et soulever les bras, laisser le geste onduler, parce que l'ondulation me semble être le mouvement fondamental dans la nature. Tous les mouvements de la terre suivent les grandes lignes onduleuses. »

Fernand Divoire

Témoignage

« Je n'oublierai jamais cette soirée, celle où j'ai assisté pour la première fois à un grand ballet. Et quel ballet ! Rien de plus beau que Le Lac des cygnes *! Ce n'était pas que la grâce, la beauté et le parfait maintien des danseurs. Au-delà de toute la technique gestuelle et des critères esthétiques, irréprochables, c'était la danse elle-même, avec tout ce qu'elle entraînait avec elle : l'ampleur du mouvement, cette liberté d'expression corporelle, l'aisance des gestes qui se déploient, la force musculaire du corps qui se maintient en équilibre, se laisse tomber sans heurt puis se redresse, le rythme naturel des mouvements avec tous les degrés de vitalité et les changements d'intensité, etc. Voilà ce que j'aimais par-dessus tout : ce lâcher-prise sur toute contrainte et cette énergie libératrice. Des années plus tard, à la fin d'une longue journée épuisante, j'ai retiré mes chaussures et, pieds nus, j'ai commencé à*

danser sur l'herbe encore mouillée. Je ne réfléchissais pas à mes gestes ; j'obéissais au rythme de la musique que l'on entendait. Elle guidait mes pas. En me voyant danser, d'autres personnes se sont mises à suivre timidement l'air de la musique. Puis, la nuit tombant, nous étions tout un petit groupe à danser. Nos mouvements se sont enchaînés à un rythme d'abord lent, puis de plus en plus rapide. Toute la fatigue accumulée m'avait quittée. Tout mon corps respirait. Je me sentais agréablement légère, libre et heureuse de vivre. »

Clarisse, 44 ans

Un peu de théorie

Bouger son corps

Bouger son corps, c'est bien plus qu'effectuer des mouvements. C'est ressentir cette énergie circuler dans tout son corps, cette vitalité qui nous active, nous procure de l'énergie et donne vie à ce que nous sommes à l'intérieur de nous. Après avoir fait l'exercice de vous concentrer sur votre schéma corporel dans sa posture et son ancrage au sol, après avoir respiré profondément, c'est le moment de mettre votre corps en mouvement et de ressentir tous les bienfaits sensoriels de ce corps animé d'une extraordinaire énergie. Or, le manque d'exercice peut amoindrir nos sens. Notre vie, de plus en plus sédentaire (et même un peu casanière), tend à nous maintenir immobiles et à nous cantonner dans des espaces fermés. Dans ces conditions, il n'est guère étonnant que toutes les tensions accumulées au cours d'une journée ou d'une semaine, entraînent raideurs, crispations, rigidité musculaire… La pression exercée sur notre corps (mal de dos, douleurs dans la nuque et dans les articulations) altère notre capacité à profiter pleinement de l'instant présent parce que nous focalisons sur notre douleur. Et plus nous nous crispons, plus notre corps bloque la libre expression des sensations et des émotions. Tous ces blocages et toutes ces tensions entravent l'accès au plaisir de vivre, en plus d'affecter la santé. Si vous vous reconnaissez dans ce portrait, il est temps de rendre à votre corps sa vitalité et de lui faire perdre sa cuirasse musculaire. Bougez et libérez l'énergie bloquée !

Retrouver sa vitalité

Quel que soit l'exercice ou l'activité physique que vous avez choisi pour réveiller votre corps, essayez de noter les changements qui se font sentir en vous. N'oubliez pas de prendre, de manière régulière, de profondes respirations pour chasser l'air confiné dans vos poumons. Concentrez-vous sur votre souffle. Essayez de bien relâcher votre corps au moment où vous expirez. Efforcez-vous de ressentir les effets énergisants de l'exercice sur votre corps, la montée en puissance de la vitalité dans vos mouvements. Plusieurs sociétés ont exploré la circulation de l'énergie dans le corps à travers maintes et maintes activités physiques : la danse, les arts martiaux, la marche, etc. Conscients de l'importance de remettre le corps en mouvement, sur un plan sensoriel et thérapeutique, des psychothérapeutes ont développé de nouvelles disciplines pour rétablir la vitalité du corps. Par exemple, le docteur américain Alexander Lowen (1908-2010), auteur de *La Bio-énergie*, en 1975, suggère des exercices physiques et de respiration pour faire circuler les énergies bloquées dans le corps. Cette technique revient à faire sortir à l'extérieur, par l'expression corporelle, les émotions rentrées en dedans. La somato-psychopédagogie est une autre discipline née de l'étude des liens entre le corps et le psychisme. Elle vise à se mettre à l'écoute de son intériorité corporelle et utilise la gymnastique sensorielle, un ensemble d'enchaînements de mouvements, pour développer la présence à soi-même.

Une voie d'accès : la danse libre !

Pour bien des danseurs, de tous les temps et de toutes les cultures, la danse est, sans doute, le plus naturel et le plus universel des langages. À l'exemple de la « danse d'expression » de l'allemande Mary Wigman (1886-1973), à lire dans son ouvage *Le Langage de la danse* (éditions Chiron, 1990). et sa technique de la « danse libre », la danse n'a cessé d'être explorée comme un mode d'expression de soi. De nombreuses cultures utilisent la danse lors de célébrations traditionnelles. Elle est parfois intégrée à des rituels de guérison, pratiquée tout aussi bien par le malade que par le guérisseur. Il est ainsi reconnu que les mouvements libèrent les sensations réprimées dans le corps. La danse possède une très grande énergie exaltante. Dans cette suite d'idées, la discipline de la danse-thérapie s'est développée avec la mise sur pied, en 1966, de l'American Dance Therapy Association. L'art-thérapeute invite la personne à enchaîner librement des mouvements qui peuvent être improvisés ou non et, tout en dansant, l'aide à prendre conscience des sensations ressenties dans tout son corps. Mais nul besoin d'être un prodigieux danseur ou d'être accompagné par un professionnel pour vous laisser aller à bouger seul ou en groupe. Si le désir vous dit de danser, eh bien dansez maintenant ! Vous pouvez aussi multiplier les plaisirs de bouger en partant à la recherche d'autres styles de danse qui pourraient mieux vous correspondre et vous aider à vous libérer. Quelle façon agréable d'expérimenter ce merveilleux instrument qu'est le corps humain !

À RETENIR

Faire bouger son corps permet de reprendre possession de ses sensations corporelles. Outre le bien-être ressenti à se mouvoir, la personne libère les pressions qui font écran à sa capacité de jouir des plaisirs de la vie. Lorsque vous bougez, apportez une attention particulière à votre respiration et à tous les bienfaits de cet exercice !

Nombre d'auteurs ont insisté sur l'importance de libérer l'énergie et de la faire circuler dans le corps pour chasser les tensions et accroître la vitalité. Quelle que soit l'activité physique que vous choisirez, soyez assidu et vous ressentirez bientôt un meilleur bien-être. De quoi accroître votre réceptivité à tout votre environnement !

Soit. Vous n'êtes peut-être pas le meilleur danseur de votre groupe. Qu'importe ! Du moment que l'envie vous prend de balancer vos bras, de vous déhancher ou de vous lancer dans un jeu de jambes à la façon de Michael Jackson. Il ne s'agit pas d'une performance mais de lâcher son corps tout entier. Ne vous retenez pas et entrez dans la danse !

Moi, susceptible ? Mais je suis toujours visé…

« On ne craint plus jamais le noir quand on sait faire la lumière en soi. »

Catherine Enjolet

Témoignage

« Parfois, une seule remarque et je passe par toutes les couleurs des émotions. Mon cœur palpite. Mes mains tremblent. Je transpire. Vexé, je monte sur mes grands chevaux et je montre mon indignation. Estomaqué, je demeure interdit, impuissant, englué. J'aimerais tellement ne pas me laisser aussi facilement ébranler. Par-dessus tout, je déteste les attaques sournoises, du genre de celles qui vous prennent au dépourvu, qui vous sautent au cou au détour d'une phrase, en plein milieu d'une discussion cordiale. Ma principale parade est l'esquive. C'est ainsi que j'ai quitté mon club d'aviron par une esquive. Un soir que je broyais du noir, une fille du club est venue frapper à ma porte. Elle regrettait mon absence dans le club. Nous avons sympathisé. Nous avons pris l'habitude de nous voir. Je me sentais en confiance avec elle. À mesure que je m'ouvrais à elle, elle m'avoua une chose surprenante. "J'hésitais à te parler auparavant par crainte de tes réactions, de peur que tu le prennes mal"*, me dit-elle. J'étais mortifié par cette révélation. Elle me confia le plus sincèrement du monde que je vivrais mieux si*

j'acceptais de mettre une petite épaisseur sur ma sensibilité et si j'essayais d'interagir avec les gens sans trop d'affects émotifs. "Je préfère montrer ma sensibilité que porter un scaphandre", *lui ai-je dit en essayant de maîtriser mes émotions. Nous avons continué à nous fréquenter. Karine était la douceur incarnée. Avec elle, j'ai appris à être moins susceptible. »*

Nassim, 31 ans

Un peu de théorie

Le monde selon l'écorché vif

On vous critique. On vous fait un commentaire désagréable. On vous suggère de changer un aspect de votre comportement. Comment réagissez-vous ? Vous vous vexez et vous vous emportez. Vous répliquez avec des trémolos dans la voix et l'émotion à fleur de peau. Vous prenez de plein fouet la remarque et vous vous refermez sur vous-même. Vous avez les larmes au bord des yeux. La susceptibilité des personnes promptes à prendre la mouche (ou à prendre ombrage) a des répercussions sur l'estime de soi. Un commentaire déplacé laisserait la plupart d'entre nous indifférent devant tant d'insignifiance. Pas elles ! Chaque mot de travers ou chaque regard de biais est ressenti comme une douche glaciale ou un coup de massue. Les personnes susceptibles souffrent davantage que les autres dans leur estime personnelle. Qu'on leur donne une opinion contraire et elles y voient aussitôt une critique de leur manière de penser. Qu'on cherche à changer leur façon de faire et elles interpréteront que leur style déplaît au plus haut point. L'ennui est qu'elles reçoivent la moindre critique comme une remise en cause globale de leur personne. Contrairement aux apparences, elles ne recherchent pas les émotions fortes. Leur réactivité est à la mesure de leur sensibilité. Les plus vulnérables d'entre elles préfèrent s'isoler un peu des relations sociales. Elles trouvent parfois dans leur domicile un havre de paix. Avides de calme et d'harmonie, certaines aiment vivre dans leur bulle artistique ou intellectuelle.

Toujours sur la défensive ?

Dans ce monde de brutes, l'écorché vif se sent sans protection contre les critiques et les jugements qui l'agresse dans sa sensibilité. Pas facile pour cet hypersensible de réfléchir avec sa tête plutôt qu'avec son cœur. Difficile pour cet émotif de mettre ses émotions en état de veille. D'une sensibilité exacerbée, facilement affectés, les susceptibles vivent avec beaucoup d'intensité les moindres événements de la vie quotidienne. Il peut être difficile pour leur entourage de comprendre ce qui les bouleverse tant. Conséquences : ils peuvent donner l'impression d'être toujours sur la défensive. D'autres cachent leur sensibilité et leur émotivité en feignant la désinvolture ou la dureté. Leur masque d'indifférence les fait alors passer pour des êtres insensibles ou froids. Mais sous la glace couve le feu. Une situation stressante et voilà que leur voix, leur regard, leur peau trahissent l'émotion contenue. Des éclats de rire, des larmes en cascade, une pâleur extrême, une rougeur écarlate, des clignotements de paupières et des gestes saccadés sont quelques signes visibles de leur émotivité. Aux yeux de leur entourage, leurs réactions semblent souvent disproportionnées par rapport aux circonstances. D'autant plus qu'un autre compagnon de route de la susceptibilité et de l'hypersensibilité est l'impulsivité. L'écorché vif est enclin à la riposte immédiate. À cause de sa crainte d'être mal jugé, ses émotions déclenchent une réaction aussi vive qu'impulsive.

Vers plus d'acceptation de soi…

Comment accueillir les critiques sans être bouleversé ? Comment se sentir en sécurité à l'intérieur de soi sans masque et sans parade ? Il est difficile pour ces personnes de trouver en elles-mêmes cette sécurité dans le bouillonnement de leurs émotions, tout comme il leur est difficile de montrer leur côté vulnérable. Leur tentation est grande de sécuriser leur environnement en construisant une forteresse. D'où leurs tentatives pour se créer une façade de « dur » (masque d'insensibilité) avec force barbelés (agressivité visible) pour tenir à distance toute relation pouvant créer trop d'émotions ou trop de réactions affectives. Or, aucune forteresse ne peut soutenir une fragile estime de soi. Il est préférable de reconnaître sa sensibilité et d'accueillir sa vulnérabilité comme faisant partie de soi. Car refuser un aspect de sa personnalité ne permet pas de s'en détacher. L'écorché vif gagnerait à la fois à mieux gérer ses émotions dans ses rapports sociaux et à reconnaître l'immense potentiel de cette ressource intérieure (sa sensibilité). Car l'hypersensibilité a aussi son revers positif. Grâce à leur sensibilité exacerbée, ces personnes réagissent davantage aux stimulations extérieures. Ce sont généralement des êtres extrêmement intuitifs et créatifs. Apprenez à écouter votre « feeling », cette intuition qui parle en vous, pour vous guider vers les meilleurs choix. Sachez tirer le meilleur parti de votre sensibilité en l'exploitant pour créer, imaginer et innover.

À RETENIR

Vous vous considérez plutôt comme « un peu sensible » que carrément susceptible. Vous souffrez de vous sentir incompris ? Vous avez l'impression de vivre dans un monde de brutes ? Votre susceptibilité est à proportion de votre sensibilité. Si vous vous sentez privé de toute carapace de protection, c'est que votre sensibilité est à fleur de peau.

Quand l'émotion est à fleur de peau, il est facile de se laisser envahir par sa sensibilité. À exprimer trop intensément ses émotions, on risque de bousculer la sensibilité des autres. À trop retenir ses émotions, on risque de passer pour un être froid ou se faire étiqueter *renfermé*. Le défi de l'écorché : trouver la bonne distance avec ses émotions !

L'hypersensibilité est à la fois une vulnérabilité et une force. Elle peut fragiliser l'estime de soi par une trop grande attention aux jugements extérieurs. Elle peut aussi renforcer l'estime pour qui sait exploiter et tirer parti de la richesse de cette vie intérieure bouillonnante dans des domaines où cette ressource est aussi rare que précieuse.

Moi, rebelle ? Faut pas me provoquer…

« Je n'ai pas les mots pour dire mon besoin d'échange, de compréhension, de reconnaissance. Alors je critique, j'insulte ou je frappe. »

Thomas d'Ansembourg

Témoignage

« J'ai 40 ans passés et l'estime de soi d'une pré-ado. Toujours en révolte, je monte au créneau avec un gilet pare-balles. L'autre soir, je me suis rendue à un cocktail, style grands discours et petits fours (heureusement qu'il y a les petits fours !). Entre 2 bouchées, réponses aux questions d'usage "Quoi de neuf ?" *Puis, pique lancée au vitriol par une pseudo-amie :* "Salut, j'ai bien failli ne pas te reconnaître…" *La bouche ronde, un petit-four en main suspendu en l'air, je prends un regard pénétrant, histoire de bien faire voir mon air songeur devant sa remarque ridicule. Et la grande perche de lancer :* "Comme tu as changé, tu ne devrais pas manger autant de ces succulentes petites bouchées !" *Elle, les lèvres fendues jusqu'aux oreilles. Moi, lèvres pincées, le petit-four coincé au milieu de la gorge. Je n'avais pas eu le temps de digérer sa phrase (et mon morceau) que cette grande asperge avait disparu parmi la foule. Vexée, extrêmement contrariée, j'étais bien décidée à lui marcher sur le pied pour lui faire sentir tout le « poids » de ma*

contrariété. Je bousculai quelques personnes au passage sans m'excuser. Enfin nez à nez avec elle, prête à lui renvoyer une vacherie, un serveur s'interposa entre nous. Elle engouffra un canapé. "Attention à toi ma pauvre chérie, à ta façon de manger en goinfre, on pourrait croire que tu ne reçois d'ordinaire que des miettes !" *Et toc ! Et de tourner les talons, mon agressivité momentanément apaisée. »*

Claire, 41 ans.

Un peu de théorie

La société selon le rebelle

On vous bouscule. On vous provoque. On vous conteste. Comment réagissez-vous ? Vous demeurez de marbre ? Vous restez bouche bée ? Vous tournez les choses à la blague ? Vous vous lancez dans une surenchère ? Votre réaction hostile ou franchement agressive est révélatrice d'une estime de soi mal assurée. La méfiance, l'amertume, le ressentiment, les pensées négatives accompagnent souvent la colère. En pleine rébellion, le révolté donne l'impression que le monde entier est ligué contre lui. Qu'il crie, râle ou proteste, il ne décolère pas facilement devant les appels au calme. Il semble évoluer en société en armure blindée. Il faut dire que la société vue par le révolté ressemble à un champ de bataille. Mais pourquoi est-il toujours aussi prompt à répondre à la provocation par la provocation ? Qu'est-ce qui explique qu'il soit aussi enclin à réagir ? Nous pouvons tous nous sentir en colère pour des raisons légitimes. Mais lorsque la colère s'installe au point de nous habiter en permanence, c'est une autre histoire. L'agressivité peut prendre plusieurs visages, mais elle indique toujours une souffrance à être. Il en est ainsi du colérique qui ne se sent exister que par sa colère ou du rebelle qui fulmine d'avoir été brimé dans ses droits. Il peut également s'agir de la personne violente qui exprime haut et fort une blessure, une frustration ou simplement sa peur. La personne agressive se comporte avec les autres comme envers elle-même : durement !

Toujours prêt à l'attaque ?

« J'y crois pas !… », pense le rebelle, qui loin de s'effondrer en larmes, préfère sauter au cou de son adversaire pour étrangler ses paroles. Même s'il existe une saine colère, son expression (trop) agressive peut paraître menaçante aux autres. *« Celles qui sont enfermées dans des modes inefficaces d'expression de la colère souffrent tout autant que celles qui n'osent pas se mettre en colère du tout »*, constate Harriet Lerner, auteur du *Pouvoir créateur de la colère* (éditions de l'Homme, 2006). Un de ces modes inefficaces consiste à gaspiller son énergie dans des bagarres inutiles, des revendications ou des récriminations incessantes. À la différence du « gentil », le colérique ne craint pas d'exprimer ses désaccords, même si cela entraîne la désapprobation des autres. Et pourtant, le résultat demeure : un douloureux sentiment d'absence de contrôle qui met à plat l'estime de soi. Une source de la colère est l'insatisfaction de soi qui pousse à détourner sa violence intérieure vers autrui ou à la décentrer vers un incident. Le plus souvent, ces personnes reportent sur les autres leur mésestime d'elles-mêmes. Elles exportent leurs frustrations sur des objets extérieurs. Elles déchargent parfois leur haine de soi sur des boucs émissaires (les étrangers, les jeunes, les vieux, etc.). Heureusement, il existe d'autres recours que la violence pour sortir la colère de son for intérieur. Car, comme on sait, la violence génère la violence.

Vers plus d'ouverture aux autres

Pour se sentir en paix avec soi et les autres, posez-vous la question suivante : puis-je avoir le sentiment d'exister autrement que par ma colère, ma rage, ma révolte, autrement qu'en m'opposant ? Qu'est-ce que je risque à me montrer aimable ? Harriet Lerner suggère d'utiliser sa colère pour clarifier sa situation et sa position dans ses relations les plus importantes. Cette approche consiste à enquêter sur les origines de sa vraie colère pour mettre en lumière « le véritable problème ». Qu'est-ce qui me met en colère au fond ? Qu'est-ce que j'aimerais changer finalement ? Qu'est-ce qui est négociable pour moi ? Au quotidien, il faut encore agir sur sa colère, la gérer au mieux pour la rendre socialement acceptable. La démarche consiste à remplacer les coups d'éclats par la maîtrise de techniques de communication, en s'exprimant de façon calme, claire et efficace. Il s'agit aussi de déterminer notre propre responsabilité dans la façon d'influer sur nos rapports aux autres. Il est possible et bon pour l'estime de soi de reconnaître sa rage et sa frustration sans la laisser envahir toute sa personnalité. Peut-être avez-vous l'impression d'avoir raison et que l'autre a tort ? Et si vous aviez tort de chercher à avoir raison contre l'autre ? Faites preuve d'ouverture et cherchez à saisir les enjeux de vos divergences sans enliser votre estime dans un rapport de force stérile. Changez le statu quo en modifiant vos schémas relationnels.

À RETENIR

On croit que s'insurger, c'est s'affirmer. On croit que celui qui s'indigne haut et fort manifeste une solide estime de lui. C'est parfois vrai, c'est souvent faux. Lorsque la colère habite la personne au point qu'elle ne sait pas s'exprimer sans agressivité, il y a anguille sous roche. L'anguille, c'est le combat intérieur qui anime le révolté.

Pour certains, une façon d'évacuer leur colère est de dériver leurs émotions violentes vers une chose extérieure : personne, objet ou événement. Il vaut la peine d'enquêter sur l'origine de sa révolte. Est-il possible que des problèmes irrésolus ou des émotions non reconnues vous poussent à vous opposer à certaines personnes ou à réagir à certaines situations ?

Le changement passe par soi et non par l'autre ! Comment espérer faire la paix avec soi si l'on reste figé dans une attitude rageuse et accusatrice ? En se rendant aimable, on prend le risque de s'ouvrir à l'amour des autres. Seule une bonne estime de soi permet cette ouverture à l'autre. Apprenez à entendre ce que vous avez tant de mal à dire sans hurler.

Jalousie et estime de soi

« Les jaloux sont comme les fous et les ivrognes,
ils ne se rendent jamais compte de leurs souffrances.
La jalousie provient d'un manque de confiance non pas
envers l'autre, mais envers soi-même. »

Eugène Cloutier

Témoignage

« Je sors avec Loïc depuis 2 ans. Nous avons été tous les deux blessés par la vie. Moi, j'ai perdu mes parents assez tôt. Lui n'a pas vraiment connu sa mère car elle a quitté son père quand il avait 5 ans. Il a donc été élevé par son père, qui ne s'est jamais remarié et qui lui a toujours conseillé de "se méfier de ces serpents de femmes".

Quand on s'est rencontrés Loïc et moi, je venais de rompre avec mon ex, qui m'avait trompée. Comme quoi, il n'y a pas que les femmes qui trompent leur mari et s'en vont ensuite avec leur nouvel amant. J'ai trouvé Loïc rassurant, il était attentionné, présent. J'ai emménagé il y a neuf mois chez lui. J'ai demandé ma mutation et je l'ai eue rapidement. Comme je ne connaissais personne et que je me sentais seule quand Loïc n'était pas là, j'ai commencé à me lier d'amitié avec Marc et Fanny, deux collègues.

Cela a vite posé problème. Loïc me demandait tout le temps avec qui j'étais, où j'étais… Au début, cela ne me dérangeait pas. Mais je me suis vite rendu compte qu'il était très jaloux. Par deux fois, je l'ai

vu regarder dans mon téléphone et vérifier aussi les poches de mon manteau…
Quand je lui en ai parlé, il a nié mais ensuite, il a éclaté en sanglots et m'a dit qu'il avait peur de me perdre. J'ai essayé de le rassurer et je pensais avoir réussi mais un mois après, il a recommencé.
Je ne veux pas limiter mes sorties parce que je considère que je ne fais rien de mal. J'aime Loïc mais je ne veux pas qu'il m'étouffe. Je me sens piégée… »

Delphine, 32 ans

Un peu de théorie

Qu'est-ce que la jalousie ?

La jalousie est une émotion complexe, dans la mesure où elle est le mélange de plusieurs émotions de base et parce qu'elle s'exprime de différentes manières selon les individus. Certains voient dans la jalousie de la tristesse et de la colère, d'autres de la peur et de la colère, voire quelquefois même de la honte. Toujours est-il que tous les êtres humains y sont sujets, à des degrés divers, et ce, à n'importe quel âge de la vie : pendant l'enfance, jalousie envers un frère ou une sœur, plus tard, jalousie envers la personne que l'on aime…
Elle est liée à l'estime de soi dans la mesure où elle apparaît quand on ne se sent pas à la hauteur pour réussir à garder quelqu'un qu'on aime. La jalousie exprime un sentiment de possession et est liée à la peur de perdre ce que l'on possède. Elle se distingue, de fait, de l'envie, qui est le fait de désirer ce que l'autre possède. Dans l'envie, le but est d'obtenir ce que l'on n'a pas. Dans la jalousie, le but est de garder ce que l'on a pour soi…
C'est pour cette raison que la jalousie est liée au sentiment amoureux et passionnel. Les scientifiques évolutionnistes (les disciples de Darwin et de

la théorie de l'évolution) pensent que cette émotion a survécu jusqu'à nos jours pour des raisons de reproduction. En effet, à l'origine, la jalousie masculine garantissait au mâle que ses enfants étaient bien les siens. La femme devait, elle, s'assurer que les vivres ramenés par son partenaire lui étaient bien destinés, à elle et sa progéniture.

Les racines de la jalousie

La jalousie excessive est la conséquence d'une histoire, d'un vécu, de différentes expériences. Elle s'appuie sur le sentiment de sécurité de l'individu. Certaines personnes, de par ce qu'elles ont vécu dans leur enfance, ont un sentiment d'insécurité affective profond.

D'après les psychologues, les enfants ont trois types d'attachements possibles, qui sont déterminés avec une expérience simple. L'enfant est laissé seul sans sa mère (ou sans la personne représentant sa mère), alors que d'autres personnes étrangères sont présentes dans la salle. Sa réaction est analysée au retour de celle-ci. L'attachement est dit « sécure » quand l'enfant manifeste de la joie au retour de sa mère et qu'il recherche le contact avec elle (environ 60 % des enfants). L'attachement est décrit comme « ambivalent » quand l'enfant manifeste à la fois de la joie et de la colère ou de la tristesse (environ 30 % des enfants). Enfin, le bébé qui se détourne complètement de sa mère et qui va chercher le contact avec une personne étrangère fait preuve de ce que l'on appelle un attachement « insécure » (10 % des enfants).

Un processus d'attachement défaillant (c'est-à-dire insécure et, dans une moindre mesure, ambivalent) est souvent provoqué par un comportement inadapté de la part de la mère (qui, par exemple, ne sait pas décoder les besoins de son enfant et donc y répondre), ou par son absence prolongée qui peur être due à une hospitalisation, une dépression, une séparation, etc.

Un manque de confiance

Évidemment, l'enfant qui souffre d'une défaillance au niveau de l'attachement maternel a tendance à avoir une estime de soi plus faible (il est persuadé qu'il n'est pas digne d'être aimé puisqu'il pense que sa mère ne l'aime pas et il se dit alors qu'il doit faire des efforts pour l'être). Mais plus important encore, il perd son « capital confiance en l'autre ». Cela perdure une fois adulte, se répercute sur ses relations amicales ou amoureuses, et peut entraîner ce sentiment de jalousie, qui se nourrit alors de l'incertitude, de doutes permanents et du manque de confiance en soi et en l'autre. Cette jalousie peut avoir plusieurs visages. Cela peut être une jalousie « normale », c'est-à-dire celle qui s'appuie sur des faits, mesurée, qui ne provoque donc pas de souffrance, que ce soit chez l'un ou l'autre partenaire. Mais ce peut être aussi une jalousie plus obsessionnelle, qui pose beaucoup plus de problèmes, avec restriction des droits de la personne jalousée, contrôles continus de ses activités ou de ses fréquentations, etc. La personne sujette à la jalousie va alors avoir tendance à sans cesse « tester » l'amour de l'autre (ce qui provoque, en général, des questionnements plutôt négatifs chez le conjoint). Et finalement, ce qu'il craint le plus (l'abandon) finit par se produire… Ce sentiment est donc évidemment source de souffrance chez le jaloux et chez la personne jalousée. Il est difficile alors d'avoir des rapports équilibrés et de s'épanouir dans ses relations.

À RETENIR

La jalousie est une émotion complexe qui est composée de plusieurs émotions simples. Ici, interviennent souvent la peur (de perdre l'autre), la tristesse, la colère, voire la honte (une autre émotion complexe...). Elle est différente de l'envie. C'est en fait une sorte de mécanisme de défense destiné à garder pour soi ce que l'on a peur de perdre.

La jalousie vient d'un sentiment d'insécurité affective profond de la petite enfance. Des expériences ont été faites pour déterminer le type d'attachement des enfants à leur mère : l'attachement sécure, ambivalent et insécure. Ceux qui font preuve d'un attachement dit « insécure » auront tendance à manquer d'estime de soi et de confiance en l'autre.

L'estime de soi est la capacité de se sentir digne d'être aimé, elle sera donc plus faible chez quelqu'un qui a manqué d'amour dans son enfance, ce qui aura des conséquences sur ses relations avec les autres, à l'âge adulte : des difficultés à faire confiance, une tendance à la jalousie, qui peuvent contribuer à mettre fin à une relation sentimentale.

La honte et l'estime de soi

*« La honte n'a pas pour fondement une faute
que nous aurions commise, mais l'humiliation
que nous éprouvons à être ce que nous sommes sans l'avoir choisi,
et la sensation insupportable que cette humiliation
est visible de partout. »*

Milan Kundera

Témoignage

« Je viens d'un milieu très modeste, mais j'ai eu la chance d'avoir toujours été bon élève à l'école, ce qui m'a permis de continuer mes études. Je suis devenu juriste.
J'ai trouvé du travail à Paris dans un cabinet assez prestigieux. Et j'y ai rencontré Macha, une juriste russe. Entre nous, le courant est tout de suite passé, et nous avons commencé à sortir ensemble. Macha est une femme très brillante, très belle, assez intimidante. Elle venait d'une famille très aisée de Moscou. Du coup, je n'osais pas parler de mes origines, car le fossé entre les deux était trop grand. Et bêtement, je n'avais pas envie d'écorner mon image de "jeune cadre dynamique". Pour la première fois de ma vie, j'avais honte de ma famille : je ne voyais que leurs limites, surtout après avoir rencontré mes beaux-parents, venus spécialement à Paris : cultivés, élégants…
Finalement, je n'ai pas eu le choix. À Noël dernier, comme j'avais promis de passer les fêtes chez mes parents, je n'ai pas pu ne pas inviter

Macha. J'étais hyper mal à l'aise, et finalement je lui ai tout dit : j'avais honte de l'emmener chez mes parents, parce qu'elle allait voir que c'étaient des paysans et en même temps j'avais honte de moi d'avoir honte d'eux. Et Macha m'a répondu que ses grands-parents étaient des paysans, qu'elle avait souvent joué, petite, dans leur ferme. Au final ça s'est très bien passé : mes parents ont certes été impressionnés, mais ils ont adoré Macha, qui n'a pas hésité à aller nourrir les bêtes... »

Armand, 33 ans

Un peu de théorie

Définir la honte

La honte est une émotion assez complexe généralement décrite comme un fort sentiment d'infériorité, temporaire ou durable. Cependant, cela ne suffit pas pour la définir. Elle est peut-être mêlée de peur, de colère, de tristesse et aussi d'impuissance, de rage refoulée, de désespoir. Elle peut être liée au manque d'estime de soi. La honte a également un enjeu éminemment social. Elle n'existe que par le regard de l'autre. En effet, elle apparaît quand nous avons été humiliés ou que nous nous sommes sentis inférieurs. Nous avons honte quand nous ressentons (ou supposons) le regard négatif des autres sur un aspect de notre identité, de notre statut. Et cela se produit quand nous avons nous-mêmes un jugement négatif et des difficultés à assumer ce même aspect. En d'autres termes, la honte est double, puisqu'elle fait intervenir le regard de l'autre et notre propre regard négatif sur nous-mêmes. En effet, c'est très souvent un élément constitutif de notre identité qui provoque la honte. Quelque chose qui nous touche intimement, qui peut être un complexe pour nous, que nous avons du mal à assumer. Cela peut porter sur notre physique (un peu trop d'embonpoint par exemple), sur notre origine (quand on vient d'une famille modeste et qu'on est amené à côtoyer des personnes d'un milieu plus élevé), sur notre statut (se ridiculiser dans une soirée, au bureau, devant du monde…), etc.

Le regard sur soi

En fait, nous avons honte le plus souvent quand nous ne nous montrons pas conformes à la norme sociale. C'est-à-dire au groupe social auquel nous nous identifions ou auquel nous aimerions nous identifier, à ce modèle auquel nous aspirons. En effet, une jeune femme peut avoir honte d'être grosse si elle se retrouve par exemple dans un club de gym rempli de sylphides athlétiques ou à la piscine entourée de naïades filiformes en maillot de bain. Confrontée aux autres, elle constate qu'elle est différente, qu'elle ne correspond pas à la norme. Elle se sent exclue, elle croit que les autres la jugent négativement, et de fait, elle se juge négativement… De plus, quelqu'un qui a une mauvaise estime de lui-même sera enclin à ressentir une honte encore plus vivace, car il aura tendance à se juger sévèrement, puisqu'il ne s'aime déjà pas beaucoup. Il surestimera le regard négatif des autres, alors que ceux-ci n'auront peut-être même pas remarqué ou auront oublié depuis longtemps la situation qui a provoqué une honte aussi tenace… Il est important de noter également que cette émotion est d'autant plus destructrice, d'autant plus puissante quand nous la ressentons devant quelqu'un d'important pour nous, dont le jugement nous paraît essentiel.

Les effets de la honte

La honte a plusieurs effets délétères. Premièrement, comme la honte prend sa source dans un élément constitutif de notre identité que nous avons du mal à assumer (de façon temporaire ou définitive), nous avons l'impression que c'est toute notre personne qui perd de la valeur. C'est donc l'estime de soi globale qui est touchée, salie, rabaissée.

Deuxièmement, la honte est une émotion que l'on peut ressentir à volonté, presque sur commande. Nous avons en effet tendance à ruminer ces moments de honte, à nous répéter *« je n'aurais pas dû dire ça »*. Nous entretenons ainsi ce sentiment de honte, qui peut alors devenir très pénible. Cela nous fragilise et peut même durablement détruire notre estime de nous-mêmes. Troisièmement, la honte entraîne la mise en place de mécanismes de défense, différents selon chacun. Certaines personnes vont par exemple développer un mécanisme d'évitement, pour fuir la situation qui a provoqué leur honte. Elles refusent alors de participer à certains événements, de revoir certaines personnes, de retourner dans certains lieux. Cela ne guérit pas la honte, et la ravive même régulièrement.

Mais la honte peut aussi provoquer de l'agressivité. En effet, il a été prouvé par plusieurs expériences qu'une personne dont l'estime d'elle-même a subi des dommages importants aura plus volontiers des jugements et des attitudes agressifs envers les autres. La violence et les coups peuvent être une façon de compenser, voire de réparer une honte subie, surtout si cette violence réactive est tolérée par les normes du groupe.

À RETENIR

Elle est complexe car elle recouvre plusieurs sphères : elle peut provoquer des blessures de l'estime de soi (dites blessures narcissiques), elle agit parfois durablement sur nos pensées et nos comportements et elle a une composante sociale importante.

La honte porte en général sur notre non-conformité par rapport aux normes (fondées ou imaginées) de notre groupe social. Elle se nourrit du jugement négatif des autres (réel, anticipé ou supposé), mais aussi et surtout du jugement négatif sur nous-mêmes, sur un élément de notre identité que nous avons du mal à assumer.

La honte provoque des ruminations négatives et inutiles, une baisse notable et parfois durable de notre estime de nous-mêmes et des mécanismes de défense souvent inadaptés, comme l'évitement ou l'agressivité. Une faible estime de soi entraîne également une propension plus grande à ressentir de la honte.

Revisiter ses émotions

« L'orgueilleux aimera mieux se perdre
que de demander son chemin. »

Charles Churchill, *The Farewell*

Témoignage

« Je réagis toujours très fortement, depuis que j'ai 7 ans, au contact des autres ou des lieux. Je ne saisis pas trop bien pourquoi je suis aussi sensible. C'est une sorte de don. Lorsque je rencontre une personne pour la première fois, mes émotions m'avertissent. Si, par exemple, je ressens de l'angoisse, je sais qu'il vaut mieux que j'évite l'individu en question. Parfois, c'est une véritable peur qui m'empoigne : mes poils se hérissent, je transpire. C'est très alarmant. Mais j'ai aussi des émotions plus heureuses. Avec certains, je me sens profondément calme et détendue, parfaitement à l'aise. Je sais dans ce cas que je peux avoir confiance en eux et que j'ai tout intérêt à approfondir la relation. Mais j'ai mis du temps à reconnaître mes émotions. Au début, je ne comprenais pas vraiment pourquoi je réagissais ainsi. Quand j'avais peur, j'essayais de faire abstraction, je ne comprenais pas ce qui m'arrivait et personne ne pouvait me l'expliquer. Quand j'en parlais à mes parents ou à mes copines, ils souriaient, se moquaient un peu de moi et je sentais bien qu'ils ne me croyaient pas vraiment. Ils pensaient que je me faisais des idées. J'ai dû faire mon apprentissage, seule. J'ai écouté ce que mes émotions voulaient me dire. Je me suis surtout rendu compte qu'elles ne se trompaient jamais. Quand je ressentais de la crainte, que ma gorge se nouait et qu'une sensation de froid m'envahissait, je savais qu'il y avait un danger. Mon émotion me mettait en

garde. Il était dangereux pour moi de m'aventurer davantage. La sagesse me conseillait d'arrêter. C'est parce qu'une fois je n'ai pas voulu écouter mes émotions, alors que j'aurais dû, que j'ai vraiment accepté de le faire par la suite. J'ai rencontré un homme qui me plaisait, mais au début de notre relation, à chaque fois que je le voyais, j'avais froid et je me sentais terriblement angoissée. C'était une peur profonde qui m'étreignait et je ne comprenais pas pourquoi. J'aurais vraiment dû m'écouter car j'ai beaucoup souffert par la suite. L'homme qui me mettait si mal à l'aise ne m'aimait pas et était néfaste pour moi. Il me harcelait. J'ai mis du temps pour rompre définitivement avec lui. Cela a été un passage très douloureux. Mais aussi une bonne leçon. Dorénavant, j'essaie de prêter attention à ce que je ressens. Je suis très vigilante. Je sais que mes émotions me signalent un danger quand il existe réellement. »

Anne, 32 ans

Un peu de théorie

Les émotions, un précieux indicateur

Les émotions sont le reflet de nos pensées ou plus exactement la conséquence de nos pensées. Par exemple, lorsque nous pensons que nous allons tomber, nous ressentons de la peur. Nos émotions émettent des signaux. Si nous n'avons pas été assez vigilants et qu'une pensée nocive a fait son œuvre, une émotion va nous l'indiquer. Si nous sommes agacés par exemple, nous allons pouvoir remonter à l'origine de notre énervement : qu'est-ce qui a bien pu nous mettre dans cet état ? Ainsi, chaque émotion nous informe et nous permet de décrypter ce qui nous arrive. Grâce à ce cheminement, nous pouvons remettre en question la pensée ayant généré l'émotion.

Analysons notre ressenti

En prêtant attention à ce que nous ressentons, nous pouvons savoir tout d'abord si cela nous est agréable ou pas. Les pensées dont nous ne voulons pas, engendrent bien sûr des émotions négatives. Leur ressenti sera désagréable. Mais cela n'est jamais négatif en soi. Ce qui est important c'est de voir le message que notre ressenti nous adresse. Certaines émotions vont nous faire souffrir. Même si ces émotions sont pénibles, ne les rejetons pas. Essayons au contraire de les analyser. Que nous disent-elles ?

Assumons nos émotions douloureuses

Les émotions qui expriment la souffrance ne sont pas bien vues. Nous les cachons. Nous attendons de nous trouver seuls, par exemple, pour laisser exploser notre tristesse. De même, nous sommes mal à l'aise devant une personne en pleurs. Pourtant, il est nécessaire d'exprimer ses émotions. Cela permet de les comprendre et d'y faire face.

Reconnaissons nos émotions

Il n'est pas toujours aisé de mettre un mot sur notre ressenti. Pour comprendre ce qui se passe en nous, il faut pouvoir dire notre ressenti, avec des mots. Le dire est le moyen de reconnaître notre émotion (par exemple : *« Je suis en colère »*).

L'utilité des émotions

Les émotions douloureuses nous indiquent que quelque chose ne va pas. La souffrance est insupportable, ce qui nous oblige à y remédier. Les émotions nous poussent à agir et elles nous sont fort utiles. De même, les émotions positives nous transportent. Ainsi, celle de l'enthousiasme nous permet de soulever des montagnes et d'aller jusqu'au bout d'un projet.

Apprenons le langage de nos émotions

Le plus simple est de commencer à exprimer ce que nous ressentons quand rien de particulier ne nous arrive. Lorsque nous sommes au bureau et qu'une journée tranquille démarre, nous pouvons dire : « *Je me sens bien* ». Dans la rue, nous marchons d'un pas alerte, le cœur joyeux. Nous pouvons dire : « *Je suis gai* ». Nous entraîner à décrypter nos émotions est un excellent exercice pour comprendre par la suite ce qu'un événement déclenche en nous.

Dialoguons avec nos émotions

Les émotions sont nos alliées car elles nous renseignent sur ce que nous pensons. En dialoguant avec elles, nous parvenons à modifier nos pensées et notre état émotif. Lorsque nous n'allons pas bien, nos émotions nous l'indiquent. Dans le même temps, elles nous incitent à agir pour changer notre état. Nous nous ressaisissons et reprenons espoir. Là encore, nos émotions nous le soulignent.

Que se passe-t-il en nous ?

Une émotion désagréable est le signal que nous devons changer. Arrêtons-nous et clarifions ce qui se passe en nous. Essayons de comprendre ce que nous ressentons vis-à-vis de la situation actuelle. Ensuite, examinons ce que nous voulons. Que devons-nous faire pour transformer les choses ? À la lumière de notre réponse, nous pouvons agir.

Évoluons grâce à nos émotions

Une émotion est tenace : si nous ne comprenons pas son message, elle reviendra jusqu'à ce que nous l'ayons saisie. Les émotions nous poussent sur le chemin du développement. Elles nous aident à nous améliorer.

Vivons heureux

Cultivons les émotions qui nous font du bien plutôt que de nous laisser envahir par celles qui nous font souffrir. Adoptons une attitude joyeuse et les préceptes de la psychologie positive. Nous pouvons choisir de vivre mieux si nous abordons la vie avec davantage de bienveillance et de confiance.

À RETENIR

Les émotions nous enseignent sur la nature de nos pensées, d'où la nécessité de rester positif.

Les émotions nous montrent où nous en sommes dans notre cheminement. Lorsque nous sommes sereins, nos émotions le sont aussi. Plus nous faisons attention à leur signification et plus nous comprenons qui nous sommes. Les émotions nous éclairent sur nos valeurs.

Lorsque nous prenons une décision, soyons attentifs à ce que nous ressentons. Nos émotions nous indiquent si nous agissons en accord avec nous-mêmes ou pas.

Si nous sommes pris dans le tourbillon de la vie, nous aurons des difficultés à ressentir ce que nous éprouvons. Nous risquons d'être submergés par trop d'émotions à la fois. Arrêtons-nous afin d'adopter un rythme plus apaisé. Les émotions demandent à être assimilées.

Pratiquer le lâcher-prise

« Savoir se contenter de ce que l'on a constitue le plus haut degré de bonheur. »

Patanjali

Témoignage

« Je me trouve trop exigeante envers moi-même comme envers les autres, et cela déteint même sur ma manière d'envisager l'existence. Il est temps que je me détende un peu, que je prenne les choses comme elles viennent !
Lorsque j'étais petite fille, puis étudiante, on m'a éduquée à l'excellence. Cela a porté ses fruits, j'ai réussi. Je dirige aujourd'hui une équipe d'une cinquantaine de personnes et j'en suis très heureuse.
Je suis reconnaissante à mes parents et professeurs d'avoir mis la barre si haut. Mais aujourd'hui, je trouve que cela va trop loin. D'excellente, je suis devenue inquiète, pour moi mais aussi pour mon entourage personnel et professionnel. Et le talent ne sert à rien s'il se transforme en angoisse. Il est même contre-productif : à force de harceler mes enfants pour qu'ils réussissent leur scolarité, j'ai fini par les dégoûter de la performance. Au travail, je vois bien que j'ai perdu l'estime et le soutien de mon équipe, que je « flique » peut-être un peu trop. Résultat : ils sont dans une dynamique négative où, infantilisés, ils en font le moins possible, comptent leurs heures et leurs efforts.
Je sais que la solution se trouve dans le lâcher-prise : je dois davantage

faire confiance à mes proches. Peut-être en trouvant d'autres centres d'intérêts plus personnels, en me concentrant sur mon bien-être ? Je n'ai pas encore trouvé la solution. Je pense que c'est un long chemin, plein de questions sans réponses. Un nouveau challenge ? Une nouvelle vie ! »

Dominique, 52 ans

Un peu de théorie

Qu'est-ce que le lâcher-prise ?

L'absence de lâcher-prise correspond à un désir de contrôle sur tout, nous-même, autrui, les aléas de la vie. Ce désir de contrôle est un phénomène social. Pour nombre d'entre nous, il semble difficile de vivre en société sans contrôler les rouages, de les façonner pour les faire fonctionner.

Le lâcher-prise, c'est accepter la vie telle qu'elle est, la recevoir sans arrière-pensées, pensées parasites, émotions contradictoires, regrets, envies, frustrations, etc. En somme, le lâcher-prise, c'est recevoir la vie comme un cadeau, se réjouir de ce qui nous est donné. C'est faire la paix avec la vie.

Dans notre relation aux autres, cela se manifeste par l'amour vrai et le pardon. Ainsi, on aime les gens pour ce qu'ils sont sans souhaiter les façonner selon notre propre idée, nos désirs. Et le pardon consiste à appréhender nos proches tels qu'ils sont sans nourrir de rancœurs envers eux, en cessant de prendre en compte l'ensemble de notre passif, de notre relation dans le temps. C'est être pleinement dans une relation au temps présent. Le lâcher-prise dans les relations personnelles, c'est d'apprendre à vivre vraiment avec les autres. C'est la pleine conscience de l'autre.

Dans notre relation à nous-même, le lâcher-prise consiste à cesser de courir après des chimères, à espérer l'infaisable. C'est aussi se dissocier en deux parties : celle qui donne l'injonction, qui exige ce qui n'est pas nous, et l'autre partie, notre moi authentique, qui subit et qui souffre.

En société, lâcher prise n'est pas (plus) naturel

Notre société préconise le contrôle. Pour qu'une société fonctionne, on a tendance à croire que chacun doit maîtriser ses performances personnelles, celles de son entourage, et même maîtriser son destin. Elle pousse à se challenger soi-même sans cesse, et à être aussi exigeant envers les autres. Il faut être sportif, jamais fatigué, disponible pour les autres, compétent, ambitieux… Quel programme épuisant ! Et l'on attend des autres qu'ils aient les mêmes qualités.

Nous ne naissons pas avec ce désir de contrôle. C'est la société qui nous l'apprend. Dès la plus tendre enfance, dès l'école, qui nous apprend à vivre en société. Cela remonte pour nous tous à tellement loin dans notre vie, que nous avons l'impression que le désir de contrôle fait partie de nous. Le lâcher-prise doit se réapprendre, alors qu'il nous était naturel. Nous souffrons de ce que certains psychologues appellent la suradaptation : non seulement nous avons fait nôtres les exigences extérieures, la pression sociale, mais à force, nous devançons même cette pression, c'est-à-dire que nous n'attendons plus que la pression vienne de l'extérieur. Nous nous l'infligeons nous-même. Dans une certaine mesure, nous sommes devenus bourreau et victime à la fois.

Le lâcher-prise passe alors par de nombreux exercices, des expériences à pratiquer au quotidien, reposant principalement sur une autre vision des choses que notre perception habituelle. Il s'agit de questionner ses réactions en permanence, d'être toujours en éveil.

Accepter l'essentiel

Lâcher prise sur soi-même, les autres, ainsi que sur les aléas de la vie nous permet de faire un tri dans notre existence entre l'essentiel et le superficiel. Le superficiel, ce sont les tourments que nous ressassons, parfois sans vraie justification, ou tellement éloignés de la réalité qu'ils ont perdu leur raison d'être. Le superficiel est constitué de l'ensemble de nos désirs, de nos peurs, de nos projections. En résumé, de tout ce qui pollue notre espace intérieur et nous empêche de l'appréhender tel qu'il est.

Quant à l'essentiel, justement, on peut y toucher lorsque l'on a compris ce qui était superficiel. L'essentiel prend la forme de la sagesse, c'est-à-dire d'une absence de jugement. Nous prenons alors les événements de la vie tels qu'ils sont, nous les acceptons et cheminons avec eux sans nous poser les questions stériles : *« Et si cela avait été différent ? », « Et si je pouvais y changer quelque chose à l'avenir ? »* L'essentiel, c'est aussi de vivre avec de l'estime pour soi-même, c'est-à-dire en se faisant confiance, et en se sachant capable. Enfin, c'est comprendre que le mieux est l'ennemi du bien, que le perfectionnisme n'est pas forcément productif, et que, quoi que nous fassions, à peu de chose près, ce sera toujours perfectible. Simplement, la course au mieux (mieux que soi ou que les autres) n'est que source d'insatisfaction, donc d'absence de calme intérieur.

Ainsi, le calme intérieur passe par l'identification de ce que nous voulons profondément.

À RETENIR

La compétition dans le milieu du travail, la réussite scolaire des enfants, les doubles ou triples casquettes des individus dans la société (parentales, professionnelles et amoureuses) nous poussent à vouloir l'excellence. Nous ne pouvons l'atteindre qu'en nous contraignant, en faisant acte de pouvoir sur nos proches et les événements de la vie.

Ces pressions ont l'effet contraire de celui escompté : à infantiliser notre entourage, celui-ci ne donne pas le meilleur de lui-même puisqu'il est déresponsabilisé. Nous nous épuisons à vouloir faire à la place des autres, influer sur les événements et perdons de vue l'essentiel : jouer notre propre rôle et accepter la vie comme elle vient.

Savoir lâcher prise, faire confiance, faire tomber les murs entre nous et l'existence en cessant de s'opposer, c'est savoir se concentrer sur l'essentiel : être soi, vivre pleinement sa vie sans la voir à travers un filtre de regrets, de rancœurs, ou de désirs illusoires. Ces sentiments sont des parasites qui meurent quand nous les oublions.

La colère

« Quand le sage est en colère, il cesse d'être sage. »

Le Talmud

Témoignage

« Je suis rentré à la maison, un soir, extrêmement nerveux. J'ai conscience d'avoir été très irascible envers Violaine, ma compagne, alors qu'elle ne le méritait pas. J'étais fermé, maussade. Je ne parvenais pas à exprimer ce que je ressentais. À table, j'ai injustement crié après elle, lui reprochant d'avoir préparé un plat que je n'aimais pas. Je suis allé dans la cuisine pour me faire autre chose. J'étais dépité. Pourquoi étais-je aussi désagréable avec Violaine ?

Quand je suis revenu près d'elle, elle avait terminé son repas. Elle s'est levée et a regagné la cuisine, en silence. J'ai senti que j'avais dépassé les bornes. Je suis allé la retrouver et je l'ai priée de m'excuser. Mais elle ne me répondait pas. Elle faisait la vaisselle, sans dire un mot. J'ai expliqué que j'avais passé une sale journée : "Quand je suis arrivé à l'agence ce matin, j'ai appris que le client avec qui je devais signer un gros contrat avait décommandé. Je vais donc réaliser un très mauvais chiffre ce mois-ci. L'agence a déjà licencié deux collègues, en raison du faible volume de ventes qu'ils ont effectué. J'ai peur qu'il ne m'arrive la même chose. Le secteur ne se porte pas bien et beaucoup d'entreprises ferment. Le directeur d'agence est très inquiet et l'ambiance est assez stressante." *Au fur et à mesure que j'expliquais à Violaine ce qui m'arrivait, je comprenais que j'avais très peur. Cela me rendait insupportable avec elle. Je me suis souvenu que, sur la route, je m'étais défoulé au volant, en pestant après tous les chauffards, ce que je ne fais que très rarement. Je devenais odieux. J'étais en colère contre la fragilité de ma situation. Plus exactement, j'étais en colère contre moi-même parce que je ne parvenais pas à obtenir des contrats. Je me sentais menacé. La peur me faisait perdre tous mes moyens. Heureusement, Violaine a compris et a contribué à me calmer :* "David, tu n'as pas en t'en vouloir si les gens ne signent pas. C'est le contexte économique qui est en cause. Essaie plutôt de voir combien de temps ton agence peut tenir ainsi. Discute avec ton directeur. Et si tu dois changer d'emploi, ça n'est pas dramatique." *J'ai retrouvé mon calme. Depuis, la situation s'est un peu arrangée et j'ai conservé mon emploi. Cet épisode m'a permis de prendre conscience des dégâts que je pouvais faire lorsque je ne faisais pas attention à ce que je ressentais. Désormais, j'essaie de ne plus me laisser entraîner par mes émotions. Je m'efforce de les comprendre. »*

David, 36 ans

Un peu de théorie

Qu'est-ce que la colère ?

La colère est une émotion qui nous indique notre insatisfaction. Elle nous signale que quelque chose ne va pas. Nous sommes perturbés, mal à l'aise. Nous devenons agressifs, tendus.

Comment se manifeste la colère

Le comportement colérique peut aller du simple agacement jusqu'au coup de pied dans la porte. Plus la colère est contenue, plus son expression est forte lorsqu'elle sort. La colère est assez primitive. Lorsque nous laissons exploser notre colère, nous avons du mal à nous contrôler. L'expression *« il est hors de lui »* montre à quel point il est difficile de la maîtriser. La folie peut aisément nous gagner. Nous pouvons nous laisser emporter par la colère et faire n'importe quoi. La colère démarre avec des signes annonciateurs comme l'anxiété ou l'impatience. Cette sensation n'est pas agréable. Nous savons que quelque chose nous contrarie. Si nous ne faisons rien pour y mettre un terme, nous devenons sensibles aux événements qui, généralement, nous laissent indifférents. Une situation (de trop) va déclencher la colère. C'est un peu comme une soupape qui, tout d'un coup, jaillit. En explosant, nous montrons que nous avons perdu le contrôle. De ce fait, nous nous sentons encore plus vulnérables.

Après quoi nous mettons-nous en colère ?

La colère est rarement dirigée contre ce qui l'a provoquée. Comme David, qui se met en colère après Violaine : Violaine n'a pourtant rien fait pour provoquer une colère aussi démesurée. L'emportement de David contre sa compagne n'est pas justifié. Son expression prouve que des événements antérieurs l'ont troublé. David va, fort heureusement, chercher quelle est la véritable raison de sa colère. Il va s'apercevoir qu'il a peur de perdre son emploi parce qu'il ne remporte pas suffisamment de contrats. Sa colère est donc dirigée contre lui-même. C'est généralement le cas : notre colère est dirigée contre nous. Quelque chose nous contrarie. Nous nous sentons impuissants. Mais la colère peut aussi être dirigée contre une personne : un parent autoritaire ou blessant par exemple.

Décelons à temps ce qui nous déplaît

Pour éviter de nous mettre en colère, il faut prendre conscience que quelque chose ne nous satisfait pas et y remédier. Avec un peu d'entraînement, nous pouvons aisément y parvenir. Pour cela, il faut prêter attention à ce que nous ressentons, en arrière-plan. Reprenons l'exemple de David. Il se met en colère après sa compagne parce qu'elle a préparé un plat qu'il n'aime pas. Le plat a déclenché la colère de David car c'est une insatisfaction de trop. Il ne peut plus en supporter davantage. En remontant dans le temps, David va se souvenir qu'il n'a pas remporté le contrat qu'il escomptait dans la journée, ce qui a mis en route le mécanisme de la peur. Au lieu d'aller voir son responsable et de discuter calmement avec lui de la situation, David a alimenté son anxiété toute la journée. Il a été de plus en plus en colère contre lui, car incapable d'obtenir des contrats. La colère doit s'exprimer à un moment donné pour que la situation reste viable. C'est ce que David a fait, mais un peu tardivement, d'où une colère inappropriée et démesurée. Il vaut mieux essayer d'y voir clair dès que quelque chose nous agace. Il faut s'efforcer de comprendre ce qui nous arrive pour pouvoir y remédier.

Mettons des mots

Pour comprendre ce qui a déclenché notre colère, il faut nommer les choses. *« Je suis en colère parce que je n'arrive pas à gagner correctement ma vie »*. À partir de là, il faut s'interroger : *« Que puis-je faire pour gagner correctement ma vie ? »*. Cela permet d'agir dans la bonne direction.

À RETENIR

La colère nous permet de constater que nous ne parvenons pas à obtenir ce que nous voulons. Ce sentiment désagréable est un signal fort. Grâce à lui, nous pouvons nous interroger et trouver des solutions. Plus nous prenons rapidement conscience de notre colère, plus vite nous pouvons remédier à ce qui nous déplaît.

Si nous n'exprimons pas notre colère, nous risquons de nous rendre malades. Nous pouvons alors alimenter des sentiments de rancune et de frustration. Il faut que la colère puisse sortir. Plus nous contenons notre colère, plus nous aurons du mal à contrôler son expression.

Lorsque la colère s'exprime, il faut la considérer comme telle. Nous sommes en colère, soit. Cette prise de conscience va nous permettre de clarifier notre situation. Pourquoi sommes-nous en colère ? Qu'est-ce qui a bien pu déclencher cette émotion ? Remontons le fil du temps pour arriver à la source de la colère.

La colère nous sert de guide. Il faut être à son écoute et avoir le réflexe de chercher ce qui l'a créée. Ainsi, nous serons en mesure de mettre à profit son existence. Nous trouverons des solutions satisfaisantes et pourrons obtenir des changements heureux.

L'envie

« Envier, c'est se reconnaître inférieur. »

Pline le Jeune

Témoignage

« J'ai mis un certain temps avant de me rendre compte que j'enviais un ami, Philippe, qui m'est pourtant très cher. Je lui disais qu'il avait beaucoup de chance mais, au fond de moi, son succès auprès des femmes et sa réussite professionnelle m'agaçaient. Il est vrai que pour moi les choses n'allaient pas très fort. Je ne parvenais pas à trouver un poste à la hauteur de mes exigences. Je voulais que mes capacités soient reconnues, mais comme je démarrais, ça n'était évidemment pas possible. Je devais faire mes preuves. Côté cœur, j'étais toujours seul et je faisais peu de conquêtes. J'étais moins charmant que Philippe, qui séduisait immédiatement les personnes qu'il côtoyait. Sans en avoir vraiment conscience, je me comparais à lui et, bien sûr, cela n'était pas à mon avantage. J'ai compris que je l'enviais lorsqu'il m'a demandé pourquoi j'étais énervé. Nous étions à une soirée et Philippe était brillant, comme d'habitude. Moi, j'essayais de faire de mon mieux mais je me sentais minable. Je crois que j'ai un peu trop bu ce soir-là et je me suis montré irascible envers lui alors qu'il n'y avait aucune raison de l'être. J'étais jaloux de sa position, je l'enviais. J'avais honte de ressentir cela. Je me suis senti encore plus minable. Cela m'a dégrisé. Je suis rentré chez moi et j'ai réfléchi. Il était temps de me prendre en

main et d'arrêter d'observer ce que vivait Philippe. Si je l'enviais, c'est que quelque part je pensais pouvoir obtenir les mêmes succès. Il fallait que j'essaie d'y parvenir au lieu de demeurer dans cette position de jaloux honteux. Je devais croire en moi, en mon potentiel. Je n'ai pas dormi cette nuit-là. J'avais trop besoin de faire le point et d'aller de l'avant. Je ne voulais plus souffrir car cette jalousie était douloureuse. J'ai étudié la situation et ce que j'enviais chez Philippe pour vérifier si je possédais ses qualités. Philippe semblait à l'aise partout. Je ne l'étais pas mais je voulais l'être. Je devais donc faire en sorte de le devenir. J'ai compris que je devais progresser sur deux aspects : le relationnel et mon estime personnelle. Je me suis fixé des objectifs, comme essayer de faire abstraction du regard des autres. J'ai revisité mon passé : beaucoup d'événements me prouvaient que j'étais capable d'avoir de bonnes relations. Il fallait donc que je retrouve un peu plus de confiance en moi. J'ai listé de nouvelles résolutions et je me suis senti plus serein. La jalousie m'a servi à progresser. »

Jérémy, 29 ans

Un peu de théorie

Distinction entre l'envie et la jalousie

Nous assimilons fréquemment l'envie à la jalousie, pourtant ces deux émotions sont différentes. « *L'envie,* nous dit le Petit Robert, *est un sentiment de tristesse, d'irritation et de haine qui nous anime contre qui possède un bien que nous n'avons pas.* » L'envie nous fait croire que notre situation serait meilleure si nous avions ce que l'autre détient. La jalousie, par contre, c'est vouloir conserver ce qui nous appartient ou que nous croyons nous appartenir. La jalousie est liée à l'amour et elle implique trois personnes. Le jaloux craint, par exemple, qu'un autre ne lui enlève sa bien-aimée. L'émotion qui nous intéresse ici concerne l'envie.

Un sentiment honteux

L'envie est mal vécue car elle est mêlée à de la honte. Nous la camouflons. Ainsi Jérémy n'en a pas parlé à son ami. Il s'est retiré seul chez lui pour y réfléchir. C'est un sentiment qui ne nous procure aucun plaisir, bien au contraire. La honte apparaît car nous réalisons qu'il nous manque quelque chose pour être accomplis.

Un sentiment bâti sur le manque

L'envie repose sur le manque. La publicité l'a bien compris et l'utilise à outrance : achetons cette voiture pour nous sentir bien ! Nous pouvons ressentir de l'envie pour des choses très diverses mais cela ne concerne pas uniquement la sphère matérielle. Nous pouvons envier quelqu'un, comme c'est le cas pour Jérémy.

Des sentiments troubles

L'envie est accompagnée d'impressions désagréables pas toujours aisées à distinguer. L'envie induit la frustration. Nous pouvons ressentir de la colère, de la rancune, de la tristesse voire de l'avidité. Ainsi, Jérémy est en colère contre lui-même car il n'est pas aussi brillant que son ami. Son inaptitude à briller l'énerve. Poussée à l'extrême, l'envie peut engendrer de la haine. Jérémy aurait pu haïr Philippe s'il n'avait pas mené son analyse.

Les origines de l'envie

La psychologie constate que l'envie peut naître dès le stade du nourrisson, lorsque son besoin en lait n'est pas satisfait par exemple. L'envie peut survenir plus tard avec l'arrivée d'un petit frère ou d'une petite sœur. L'enfant doit alors partager l'amour de ses parents avec le nouveau venu. Il envie la place choyée qui est attribuée à ce dernier. Si la famille ne correspond pas à ce que nous attendons sur le plan financier par exemple, là encore, nous pouvons envier ceux qui vivent dans le confort. Nous sommes donc inégaux face à l'envie.

Sachons interpréter nos envies

Lorsque nous envions quelqu'un ou quelque chose, c'est parce que notre situation ne nous satisfait pas. Encore faut-il décrypter ce que nous souhaitons. Dans le cas de Jérémy, il envie Philippe parce qu'il veut être à l'aise avec les autres et réussir professionnellement. Il se sent incapable et a peur de ne pas connaître les succès qu'il recherche. La peur est souvent présente dans ce type d'émotion : nous envions parce que nous craignons. Prenons le temps de comprendre nos envies, elles peuvent nous être fort utiles dans notre vie.

Nos envies sont des pistes

Observons nos envies. Par exemple nous envions telle personne parce qu'elle réussit dans telle discipline. L'envie est souvent proche de l'admiration mais nous y mêlons une sorte de cruauté. Si la personne que nous envions connaît un insuccès, nous sommes ravis. C'est assez malsain, mais il faut admettre que nous ne sommes pas toujours des anges. Par contre, il n'est pas souhaitable d'entretenir de tels sentiments. Cherchons plutôt à voir pourquoi nous réagissons ainsi. Ne serait-ce pas parce que nous sommes doués pour la même discipline ?

Sortons de nos envies

Pour nous libérer de nos envies, il faut agir. Une fois que nous en avons pris conscience, examinons comment faire pour sortir de ce cycle infernal et réussir à nous assumer. Apprenons à canaliser cette énergie nuisible pour la transformer dans notre propre intérêt. Qui envions-nous ? Pourquoi ? Quelle action devons-nous entreprendre ?

À RETENIR

L'envie est mal vécue, d'autant plus qu'elle génère des émotions très diverses et peu plaisantes, comme la colère, la peur, la tristesse et même la haine.

C'est parce que quelque chose nous manque que nous envions quelqu'un ou quelque chose. L'envie prend naissance à partir d'une insatisfaction.

Nos envies nous signalent que nous avons besoin de quelque chose. Sachons dépister ce qui nous manque. Étudions nos réactions et nos ressentis.

En réalisant que nos envies correspondent à des manques intérieurs, nous pouvons mettre en œuvre des actions pour les combler. Nous pouvons faire de nos envies des précieux alliés pour débusquer nos talents et développer notre potentiel.

La culpabilité

« Tu vis continuellement une fable
et tu ne t'en aperçois pas. »

Hugo Pratt

Témoignage

« J'ai pris conscience récemment d'une culpabilité qui me gâchait la vie sournoisement. J'essayais de ne pas y prêter attention lorsque ce sentiment désagréable pointait le bout de son nez. Mais un jour, je ne sais pas trop pourquoi, j'en ai eu assez et j'ai vraiment réfléchi. Je dirige un cabinet d'expertise comptable et mes affaires sont plutôt florissantes. Mon chiffre d'affaires augmente chaque année et mes clients sont de plus en plus importants. J'ai démarré seul alors qu'aujourd'hui nous sommes quinze. Je m'en félicite. Mais, curieusement, je me sentais coupable de réussir professionnellement et d'avoir de l'argent. Trop affairé par mon travail, je n'y prêtais pas suffisamment attention et donc j'ai vécu ainsi pendant dix ans. Je venais de boucler mon exercice et j'avais encore obtenu une progression de 5 % de mon chiffre d'affaires. Au lieu de me réjouir, je me suis senti fautif. Je me suis demandé pourquoi. En quoi était-ce mal de gagner de l'argent ? J'ai réfléchi. Mes parents viennent d'un milieu modeste et vivent simplement. J'ai un frère, plus âgé, qui est employé par une société de gardiennage. Je sais qu'il ne gagne pas beaucoup. Je me suis demandé si ma culpabilité ne pouvait pas venir

de cette différence. J'ai souvent proposé d'aider mes parents s'ils en avaient besoin mais ils m'ont toujours dit que ça allait. Il est vrai que je suis toujours un peu gêné lorsque je vais les voir. Je préfère les recevoir. J'essaie toujours de leur faire plaisir. Mais, quand ils viennent je me sens coupable d'être heureux et de réussir, car je sais que leur vie n'a pas été facile. J'ai pris conscience que je me sentais coupable de mon bonheur et de mon succès, ce qui était ridicule. Je n'avais pas à faire comme mes parents. À chacun de choisir la vie qui lui va. J'avais pris des cours du soir pour devenir expert comptable et je travaillais dans la journée. J'avais mérité mon succès actuel. J'ai pris conscience que j'étais également mal à l'aise avec mon frère qui ne faisait pas un travail qui lui plaisait. Mais qu'y puis-je dans le fond ? Chacun est responsable de sa vie. Je ne devais pas m'encombrer du fardeau d'un autre. J'ai compris ainsi que ma culpabilité venait de mon enfance. Mes parents avaient souvent des difficultés financières et je devais, en quelque sorte, faire de même. Depuis cette prise de conscience, je me sens beaucoup mieux et je sais désormais profiter de chaque nouveau contrat. Ma joie est entière ! »

Denis, 45 ans

Un peu de théorie

Une affaire de conscience

Se sentir coupable est lié à la conscience. C'est notre conscience qui nous indique si ce que nous faisons est bien ou pas. Lorsque nous sommes coupables, notre conscience nous avertit que nous agissons en désaccord avec nos propres valeurs. Si nous ne possédions pas ce code moral, nous pourrions tuer notre prochain sans état d'âme. La culpabilité nous indique que nous devons étudier ce qui crée ce malaise. C'est la seule façon d'y remédier pour ne plus ressentir cette émotion peu agréable.

En rapport avec nos agissements

La culpabilité apparaît lorsque nos comportements, nos pensées ou nos actions ne coïncident pas avec notre intégrité. Elle nous signale que nos agissements ne sont pas bons. Ce que nous faisons n'est pas bien ou ce que nous pensons ne correspond pas à notre éthique.

Les tiraillements de la culpabilité

La culpabilité nous met dans des états émotionnels très inconfortables. Elle agit en arrière-plan et nous tient sous sa coupe. C'est un sentiment persistant qui, tant que nous ne l'avons pas analysé, demeure en nous.

Cessons d'alimenter notre culpabilité

Il nous arrive de regretter nos actes et de culpabiliser. Mais, au lieu d'accepter notre erreur et d'essayer de nous pardonner, nous alimentons la plupart du temps un discours intérieur qui ne fait que renforcer notre culpabilité : « *Oh, si seulement je n'avais pas eu ce problème de train, j'aurais pu trouver une boutique encore ouverte et faire un dîner de fête.* » Nous aimons bien, en règle générale, dramatiser nos situations et faire des suppositions de toutes sortes. Nous en rajoutons alors qu'il serait beaucoup plus simple de changer notre attitude.

Que regrettons-nous ?

Pour nous débarrasser de notre culpabilité, examinons ce qui nous fait souffrir. Que regrettons-nous ? Est-ce en rapport à des événements qui auraient dû se passer ? Soyons réalistes : est-ce que les choses auraient pu vraiment se produire différemment ? La réponse est non.

Acceptons

Nous ressentons de la culpabilité. Acceptons entièrement cette émotion. Portons notre attention sur elle. Avons-nous encore des regrets ? Que devons-nous changer pour ne plus ressentir de culpabilité ? Notre attitude ? Notre pensée ? En acceptant la venue de cette émotion, nous pouvons entrevoir la solution à notre mal-être.

Deux sortes de culpabilité

Il existe deux sortes de culpabilité : une culpabilité « naturelle » et une culpabilité « malsaine ». La première survient lorsque, par exemple, nous avons « volé » un stylo à un ami et nous nous sentons un peu mal à l'aise. C'est une réaction plutôt saine. Elle est là pour nous éviter de commettre des fautes et de nuire à autrui. La seconde est plus complexe car elle contient souvent d'autres émotions comme la colère, la peur et la tristesse. Elle a la particularité d'apparaître alors qu'il n'existe aucun motif réel. La culpabilité est provoquée par notre imaginaire. Nous pouvons ainsi nous sentir coupables de réussir vis-à-vis de nos parents, d'être l'enfant préféré ou encore d'exercer une profession qui déplaît à nos parents. Ces culpabilités prennent leur source généralement dans l'enfance. Elles sont persistantes et reviennent de façon épisodique tant que nous ne les avons pas résolues. Pour y remédier, il faut étudier notre discours intérieur et vérifier sa véracité. Qu'est-ce qui a pu déclencher cette émotion et les propos que nous nous tenons ?

Coupables de quoi ?

Pour venir à bout d'une culpabilité malsaine, il faut pouvoir se défaire d'une croyance souvent à l'origine de cette émotion. Certaines femmes sont par exemple fautives lorsqu'elles reprennent une activité et laissent leur enfant à la crèche. Elles se croient obligées de s'occuper de leur progéniture au lieu de s'épanouir à travers une activité. Toutes sortes de pensées encombrantes peuvent ainsi provoquer de la culpabilité.

À RETENIR

La culpabilité saine nous empêche de mal nous conduire. Elle est liée à notre conscience.

Cette forme de culpabilité repose sur des motifs qui n'en sont pas. Nous les avons inventés.

Ne laissons pas la culpabilité malsaine nous mener. Sachons débusquer ce qui a pu la provoquer et reprenons le contrôle de notre vie.

Avons-nous raison d'être coupables ? Sommes-nous responsables de la manière de vivre des autres ? De leur malheur ? Recentrons-nous sur nos véritables responsabilités : nous sommes responsables de nos actes, de nos paroles et de nos pensées.

Elles sont souvent à l'origine de notre culpabilité. Les croyances n'ont pas de fondement réel et n'existent que dans notre esprit.

Les culpabilités malsaines satisfont très souvent un besoin inconscient de se punir. Autorisons-nous à connaître le bonheur. Ne soyons plus coupables d'être heureux.

L'anxiété

« N'oubliez jamais ceci : il ne nous est jamais donné d'épreuves que vous ne puissiez surmonter. »

Rabbi Nahman de Bratslav

Témoignage

« J'étais chargée d'études dans une société. Le travail m'intéressait et je gagnais correctement ma vie. Mais un jour, le responsable des études a pris sa retraite et une jeune femme, Marine, lui a succédé. Le changement a été radical. D'une relation ouverte et chaleureuse, avec une charge de travail acceptable, je suis passée à une surcharge de travail et à des relations exécrables. Marine distribuait les missions et les délais sans se soucier de ce que j'avais déjà à faire. Je me suis vite trouvée submergée et je ne parvenais pas à respecter les délais même en emmenant du travail chez moi. J'ai dit à Marine qu'il m'était impossible d'enquêter sur tous les secteurs qu'elle me confiait. Elle a eu l'air surpris et m'a dit que mon organisation devait certainement laisser à désirer. Elle me laissait une semaine supplémentaire pour boucler ce que j'avais à faire. Je me suis vraiment demandé comment j'allais faire pour y arriver. J'ai voulu discuter avec un autre chargé de mission qui était confronté au même problème que moi. Mais, il n'a pas souhaité me parler, trop occupé à terminer un rapport. J'ai regardé les choses en face : tout ce que je devais faire me demanderait un mois de travail. C'était impossible. Je suis retournée voir Marine. Je lui ai

exposé comment je procédais et le temps que cela me demandait. Je lui ai suggéré de prendre des enquêteurs pour que les délais puissent être respectés. Là, elle a enfin compris que je n'y arriverai pas seule. Elle a donc réduit ma charge de travail et a fait appel à des indépendants. Cela m'a soulagée. Je suis repartie dans mon bureau, satisfaite. Mais trois semaines plus tard, Marine, m'a encore une fois confié une étude importante. Les délais qu'elle m'imposait étaient intenables. Elle ne voulait pas, cette fois-ci, faire appel à des intervenants extérieurs. Je devais me débrouiller toute seule. L'angoisse m'a assaillie. Je ne savais absolument pas comment j'allais y arriver. Toutefois, cela faisait trois ans que je travaillais dans ce cabinet et je me sentais performante. Je ne devais pas craindre pour mon poste. Je devais montrer mon professionnalisme. J'ai fait un plan. J'ai établi un calendrier et je me suis rendu compte qu'au vu des délais impartis, je pouvais réaliser une sorte de panorama mais non une étude approfondie. J'ai listé les paramètres que j'allais pouvoir traiter et je suis allée voir de nouveau ma supérieure. Elle m'a donné le feu vert et m'a même félicitée ! »

Maud, 34 ans

Un peu de théorie

Définition

Nous sommes tous anxieux, à des degrés divers. C'est une émotion qui nous maintient, en quelque sorte, en vie. En effet, elle apparaît lorsque nous nous sentons menacés : ce à quoi nous tenons est en danger. Nous pouvons avoir peur de perdre un emploi ou encore l'être aimé. Lorsque nous ne sommes pas certains de réussir quelque chose, dans n'importe quel domaine, l'anxiété se déclenche. Elle se manifeste par un état d'appréhension et de nervosité. Elle peut engendrer des palpitations, une accélération du pouls, voire de la transpiration.

Un enjeu important à l'issue incertaine

L'anxiété nous signale que ce que nous voulons garder ou obtenir est important à nos yeux. Sinon nous resterions indifférents. Par exemple, lorsque nous tenons absolument à conserver un emploi, nous pouvons ressentir de l'anxiété. Parce que nous n'en connaissons pas l'issue, que nous ne savons pas si nos efforts vont être récompensés et si nous allons vers le succès ou non. Pour conserver un emploi, notre inquiétude nous pousse à agir différemment. La situation demande alors davantage d'énergie que d'habitude.

Les situations anxiogènes

Les situations les plus courantes concernent les domaines dans lesquels nous souhaitons réussir. Ils concernent l'amour, le travail, les relations. Par exemple, lorsque nous rencontrons l'amour, nous faisons tout notre possible pour conquérir et séduire l'être aimé. Si nous sommes en couple, nous pouvons ressentir de l'anxiété si nous trouvons que notre moitié nous prête moins d'attention. Nous voulons être aimés.

Faisons face à l'anxiété

Considérons cet état émotif pour ce qu'il est. Il est normal et sain d'être anxieux pour la poursuite de nos objectifs par exemple. Mais il ne faut pas se laisser envahir par l'anxiété. Elle ne doit pas prendre trop de place, sinon elle nous empêchera d'être efficaces. En prenant simplement conscience de notre état, nous pouvons le reconnaître et l'utiliser. Il doit juste nous stimuler et non nous gâcher la vie. Pour ne pas se laisser submerger par l'inquiétude, rappelons-nous que nous avons en nous toutes les réponses pour résoudre un problème.

Évitons de réagir

Lorsque nous sommes en proie à l'anxiété, il est tentant de se laisser mener par cette émotion. Nous pouvons par exemple nous sentir bloqués. Nous ne trouvons pas d'issue et nous ne savons donc plus quoi faire. Nous sommes comme tétanisés. Il est évident que cela ne va pas arranger les choses. Certaines personnes préfèrent fuir plutôt que d'aller vers le changement. D'autres vont devenir agressives ou soumises. Toutes les réactions sont à proscrire. L'anxiété nous indique que nous avons peur mais nous avons toujours la possibilité d'y faire face.

Renforçons notre confiance

L'anxiété nous signale que nous nous sentons en danger. Agissons pour mener à bien ce qui nous inquiète mais, dans le même temps renouons avec notre confiance. Ainsi, prenons quelques instants pour considérer la situation. Le temps de prendre conscience de nos qualités et de renforcer notre assurance. Cela permet d'agir de manière efficace. Prenons donc le temps de nous apaiser et de nous réconforter : demeurons confiants quant à l'issue. Nous avons la capacité de gérer toute situation. Sachons utiliser notre anxiété et la transformer en une force tranquille.

Lâchons prise

Si nous sommes confrontés à une situation un peu stressante c'est parce que nous ne savons pas comment elle va évoluer. Comme l'enjeu est important pour nous, nous avons tendance à essayer de contrôler l'issue. Mais c'est le contraire qu'il faut faire : il faut lâcher prise et regarder les choses avec confiance.

À RETENIR

L'anxiété repose sur la peur de l'inconnu. C'est parce que nous ne connaissons pas l'avenir, que nous sommes inquiets, angoissés, stressés. Il existe toute une palette terminologique liée à l'anxiété.

Nos expériences inquiètes se rapportent à l'amour, au travail et aux relations.

Nous avons peur de perdre quelque chose qui a de l'importance pour nous.

Prenons conscience de notre état anxieux et cherchons calmement les solutions.

Agissons avec confiance, c'est le moyen le plus sûr pour y arriver. L'anxiété ne peut pas la faire disparaître. La confiance est toujours là, à l'intérieur de nous.

Toutes les réactions sont néfastes et nuisent à notre développement. Essayons de comprendre les causes de notre anxiété et agissons sereinement.

Plus nous avançons et plus nous expérimentons des situations stressantes. En les surmontant, nous évoluons de plus en plus.

Faisons face à l'anxiété en assumant ce que nous sommes. Ayons conscience de notre potentiel.

La peur

« La peur n'a qu'une peur, c'est que tu l'abandonnes. »

Henri Gougaud

Témoignage

« J'ai mis presque vingt ans avant d'exercer le métier d'ébéniste. J'ai toujours été attirée par le travail du bois mais je ne pensais pas en faire ma profession. Je craignais de ne pas pouvoir gagner ma vie avec l'ébénisterie. Il est vrai que ce métier est essentiellement masculin et personne ne m'a vraiment encouragée à le faire. C'est parce que les événements m'y ont plus ou moins poussée que je me suis décidée à franchir le pas. J'ai travaillé avant comme commerciale. J'aime les contacts, c'est pour cette raison que j'avais choisi cette voie. Je gagnais très bien ma vie mais je n'aimais pas particulièrement ce métier. J'ai été licenciée une première fois et je suis restée un an au chômage avant de retrouver un autre poste. J'ai trouvé le temps long. Je me suis vraiment interrogée à partir de ce moment-là. J'avais envie de changer d'orientation mais je n'avais pas de formation. J'étais en proie à de nombreux doutes : est-ce que je pourrais vivre de ma passion ? L'idée de travailler le bois me titillait. J'avais très envie de le faire. Mais j'avais trop peur à l'époque, je n'étais pas encore prête. Je n'avais même pas d'idée précise sur le métier que je pouvais faire. Je me suis informée mais finalement, j'ai retrouvé un emploi dans la vente. Seulement, au bout d'un an, la société a été mise en liquidation. Ça a été le déclic, je

me suis dit : "C'est le moment où jamais. Fais ce que tu as envie." *Et je l'ai fait. J'ai suivi des cours d'ébénisterie et j'ai obtenu le CAP. Ensuite, j'ai trouvé un poste dans un atelier. J'ai beaucoup appris. Aujourd'hui, j'ai mon propre atelier. C'est difficile car mes revenus ont été divisés par trois. Malgré tout, je suis contente de le faire. Je suis beaucoup plus heureuse aujourd'hui. Pour rien au monde je ne voudrais redevenir commerciale. »*

Lise, 38 ans

Un peu de théorie

La peur justifiée

La peur est une émotion qui nous signale la présence d'un danger. Par exemple, nous ressentons de la peur lorsque nous sommes au bord d'un précipice. Nous devons nous montrer vigilants pour ne pas tomber. La peur nous avertit et nous demande de faire attention. Sa présence, quand elle concerne notre physique, est donc salutaire.

Des peurs variées

La peur peut être de courte durée et nous envoyer un signal fort, avec la sensation du cœur qui lâche par exemple. Mais elle peut aussi prendre différentes formes et aller d'une simple inquiétude à une véritable terreur, en passant par une panique. La psychologie distingue plusieurs sortes de peur dont l'angoisse et les phobies. Ainsi, l'angoisse est une peur dont les causes sont inconscientes. Elle peut provoquer des cauchemars. Les phobies sont des peurs dont la cause est très bien identifiée. Il existe toute une panoplie de phobies comme la claustrophobie (la peur d'être enfermé), l'arachnophobie (la peur des araignées) ou l'acrophobie (la peur de ce qui est haut).

Les manifestations physiques

Lorsque nous avons peur, notre corps est complètement sous son emprise. Les effets varient en fonction de l'intensité de notre peur. Les battements de notre cœur s'accélèrent, nous transpirons, nos mains sont moites. À un degré supérieur, nos mains tremblent, nos jambes flageolent, notre respiration est plus forte, notre voix s'étrangle ou tremble, nous avons une boule dans l'estomac et certains d'entre nous sont même pris de vomissements. La peur modifie aussi notre esprit : nous avons l'impression de vivre dans l'irréalité et d'être anesthésiés psychiquement.

Ce qui arrive aux autres pourrait nous toucher

La peur est utile lorsqu'elle nous prévient d'un danger bien réel. Mais elle peut être provoquée par des craintes provenant de notre environnement. Notre imaginaire nous fait alors entrevoir le pire. Nous avons peur par exemple de perdre notre emploi et de devenir SDF. Nous craignons d'être cambriolés, ce qui fait le bonheur des compagnies d'assurance. Les journaux télévisés alimentent ainsi toutes nos peurs issues de ce qui arrive aux autres. Ils ne nous montrent que le côté noir des événements et contribuent à nous faire croire que nous vivons en perpétuelle insécurité. L'émotion a remplacé l'information. Soyons réalistes, ce n'est pas parce que les employés d'une multinationale ont été licenciés que nous allons tous nous retrouver au chômage. Prenons du recul avec les situations catastrophiques qui nous entourent.

La peur de l'inconnu

La peur dont il est le plus difficile de se défaire est celle qui concerne l'inconnu. Nous élaborons alors des scénarios intérieurs totalement faux car issus de notre imagination. Ils nous gâchent la vie car ils donnent naissance à la peur. Ainsi, Lise a d'abord exercé un travail qu'elle n'aimait pas par crainte de ne pas gagner suffisamment avec l'ébénisterie. Nous sommes très nombreux à agir ainsi, persuadés que faire ce que nous aimons n'est pas compatible avec la question de l'argent. Pourquoi serions-nous payés à faire ce qui nous amuse ? Absurde ? Impossible ? Posons-nous la question. Si nous n'essayons pas, nous n'aurons pas la réponse. L'objectif est de prendre des risques mesurés. Cela nécessite du courage.

Quel est le danger ?

Lorsque nous ressentons de la peur, interrogeons-nous sur sa provenance. Qu'est-ce qui l'a provoquée ? Si nous souhaitons, comme Lise, changer de métier pour exercer une profession qui nous correspond davantage, nous avons peur d'échouer. Mais nous risquons aussi de réussir ! Prenons conscience de cet aspect qui peut modifier le cours de notre vie. L'important est d'agir en fonction de soi et non à cause d'une peur. Soyons maîtres de nos vies et comprenons nos peurs pour les surmonter.

Examinons nos peurs

Pour comprendre nos peurs et les anéantir, il faut nous livrer à un travail d'introspection. Par exemple, nous avons peur de perdre notre travail. Prenons du recul et interrogeons-nous : notre peur est-elle justifiée ? Pour quelles raisons avons-nous peur ? Qu'implique notre peur ? Que ferions-nous sans notre peur ?

Nous libérer de nos peurs

Nous pouvons combattre nos peurs en les étudiant. Souvent, elles sont le fruit de notre imagination et nous empêchent de prendre les risques nécessaires à notre évolution. Nous devons vérifier si nous sommes réellement en position d'insécurité. La plupart du temps, cette insécurité est fictive : elle concerne le futur. Nous ne changeons pas d'emploi parce que nous avons peur de nous retrouver sans le sou. Au lieu de ne rien faire, examinons plutôt comment faire pour ne pas se retrouver dans cette situation. Ayons une attitude confiante et apprenons à résoudre les problèmes que nous nous posons. Rien n'est impossible lorsque le bonheur est en jeu.

À RETENIR

La peur va de la simple crainte à la terreur. Elle s'accompagne d'effets physiques tout aussi nuancés : nous pouvons avoir les mains moites mais si la peur nous tenaille, nous pouvons aussi avoir envie de vomir.

La seule peur que nous pouvons admettre est celle qui est destinée à nous protéger. Toutes les autres peurs nous empêchent d'avancer.

Nous nourrissons la peur de dialogues intérieurs qui sont le fruit de notre imagination. Nous envisageons des scénarios catastrophes. Pourquoi ne pas opter pour une « happy end » ?

Ne nous laissons pas dominer par la peur. Prenons le recul nécessaire pour l'examiner et restons maîtres de notre vie.

La peur survient lorsque notre confiance nous fait défaut. Renouons avec notre confiance pour vivre pleinement.

Lorsque nous avons pris conscience des raisons de nos peurs, nous pouvons nous en défaire en appliquant nos solutions. L'action permet de nous en libérer.

Pratiquer l'autosuggestion

« Ce n'est pas la volonté qui est la première faculté de l'homme, mais l'imagination. »

Émile Coué

Témoignage

« Lorsque j'ai commencé mon nouveau boulot, je souffrais d'un sérieux complexe d'imposture. J'avais été repérée par un chasseur de têtes, et je n'en revenais pas ! Cela m'avait poussée à négocier un salaire bien plus élevé que ce que je pensais mériter. Je découvrais un nouveau métier, bien plus technique que celui que j'exerçais auparavant. J'étais perdue et je le laissais apparaître, ce qui n'arrangeait rien, et m'entraînait parfois le soir, lorsque je rentrais chez moi, dans des tourbillons d'angoisse et de ressassements négatifs. Lorsque j'ai découvert l'autosuggestion, je me suis dit que ce serait trop bête de ne pas essayer, au point où j'en étais ! Alors, me sentant un peu bête, j'ai commencé, tous les matins, à me répéter devant la glace : "Je suis compétente et je vais le prouver." *Évidemment, au début, ce n'était qu'une singerie, que j'ai failli abandonner. Mais peu à peu, j'ai senti en moi un changement. J'ai senti que j'avais davantage d'assurance, et que je ne provoquais plus, même malgré moi, des erreurs grossières au bureau. Et si mon attitude jusqu'alors avait été de l'autosabotage ? Possible. En tout cas, cela m'a permis de me libérer de la conviction que j'étais nulle, pas à la hauteur. Et peu à*

peu, j'ai appris ainsi à provoquer des opportunités, j'ai renvoyé une image plus positive et plus assurée de moi-même, qui a convaincu mes collègues. Ainsi, ils ne m'attendaient plus dans les erreurs, mais dans les succès. Et cela aussi m'a aidée. »

Catherine, 35 ans

Un peu de théorie

Qu'est-ce que l'autosuggestion ?

Nous avons déjà tous entendu parler de la méthode Coué. Le Dr Coué, inventeur du placebo, a défini le concept de l'autosuggestion, c'est-à-dire de l'autopersuasion. Il affirmait que la répétition très régulière d'une phrase simple et positive, un objectif pour notre état d'esprit, devenait réalité par sa simple répétition. Proche de l'autohypnose, l'autosuggestion nécessite de se mettre en état de rêverie légère, de totale disponibilité. Le Dr Coué, lui, se répétait chaque soir à l'aide d'une cordelette à 20 nœuds pour la répétition (l'usage que certains croyants font du chapelet, ou certains hommes grecs, encore aujourd'hui, du komboloï, n'est pas très éloigné), un message simple et positif, portant sur un objectif à atteindre : *« Tous les jours, à tous points de vue, je vais de mieux en mieux. »* Le fameux pharmacien et psychologue lorrain prétendait que cette pratique lui permettait effectivement d'aller un peu mieux chaque jour.

Mais n'est-ce pas un peu facile de le vouloir pour le pouvoir ? Cela ne ressemble-t-il pas un peu à une formule magique, versant ainsi dans l'irrationalité ? En réalité, c'est plus profond et plus sérieux que cela. La répétition est capable de renverser une prédisposition à l'autosabotage, et de faire accomplir de grandes choses par l'imprégnation de son esprit.

C'est également une méthode qui peut faire des miracles (mais pas au sens magique du terme !) chez ceux qui croient leur imagination, leur capacité de visualisation « bloquée ».

La volonté ne suffit pas

L'inconscient doit bien sûr relayer la volonté, si l'on veut vraiment faire le calme en soi. Or l'autosuggestion est une manière de nous adresser à notre propre inconscient.

Notre esprit est fait de deux « couches » : celle, extérieure, de la conscience. C'est elle qui a une prise directe avec la réalité. L'autre, l'inconscient, est un espace intérieur dont nous ignorons, et ne maîtrisons pas l'activité, mais dont ressortent des choses fondamentales, qui s'expriment, de manière transformée, par notre conscience. À nous alors de tenter de les décoder, notamment par la psychanalyse.

C'est dans notre inconscient que siègent notre imagination, tous les possibles que notre esprit est capable de concevoir. C'est donc notre imagination qui rend les choses envisageables. Pour faire le calme en soi, si notre imagination, et donc notre inconscient, n'ont pas en eux la possibilité de ce calme, il est bien difficile de l'atteindre. Il est plus facile de mettre en œuvre le nécessaire pour le calme si nous sommes persuadés que ce calme intérieur est un objectif atteignable.

Si nous faisons ce que nous voulons faire, ce n'est pas seulement grâce à notre volonté, mais parce que notre inconscient, notre imagination, conçoivent que nous en sommes capables.

Puisque c'est cet inconscient qui rend les choses possibles, la répétition agit sur lui, met en forme notre inconscient comme nous le voulons, en le nourrissant des messages simples répétés régulièrement, dont il finira par s'imprégner.

Choisir ses messages

Il faut appréhender l'autosuggestion avec prudence. En effet, celle-ci est un outil qui peut canaliser notre être entier, en état d'une grande force.

On a vite fait de ruminer des messages négatifs, simplement parce que nous sommes en opposition naturelle avec le monde (notre Moi d'opposition). Ces messages, même sans que nous le souhaitions, peuvent devenir ceux qui nourrissent notre inconscient et qui nous mènent à l'autosabotage.

Il faut faire le choix de renverser la dynamique négative, en choisissant ses propres messages avec l'aide de notre conscience : des messages orientés vers le calme si c'est ce que nous voulons, vers le bonheur si c'est ce dont nous pensons manquer, vers le mieux-être si nous sommes en souffrance.
De plus, l'inconscient se cache derrière notre conscience. Il se protège, et constitue la permanence de ce que nous sommes. En général, c'est notre histoire, nos traumatismes et les événements fondamentaux que nous avons vécus qui y sont logés. Ils s'y trouvent sous forme d'émotions, de sensations et de souvenirs simples, marquants, fondamentaux.
Il faut ainsi nourrir notre inconscient de ce à quoi il est habitué. En choisissant un message simple et unique, il sera plus facilement audible par l'inconscient et nous atteindrons le calme plus facilement. Ainsi, pour faire le calme intérieur, pourquoi ne pas faire l'expérience de répéter avec confiance comme le faisait le Dr Coué : *« Je suis calme, tout est calme autour de moi, et cela me rend heureux. »* ?

À RETENIR

Le Dr Émile Coué a conceptualisé cette méthode qui permet d'atteindre l'état d'esprit que nous voulons. Il propose de se répéter, encore et toujours, un message simple dont l'esprit finit pas être imprégné. Ainsi, il pense pouvoir faire prendre réalité à son objectif. Mais n'est-il pas un peu facile, un peu magique de le vouloir pour le pouvoir ?

La conscience et l'inconscient sont les deux parties de notre esprit. La répétition inlassable finit par imprimer ce dernier. C'est quand l'inconscient est persuadé de la possibilité d'une chose (le bonheur, la réussite, le calme...) qu'il nous « autorise » à l'atteindre. Nous mettons dès lors en œuvre tout ce que nous pouvons pour la réaliser.

L'autosuggestion est un outil très puissant car il canalise l'ensemble de notre être, l'oriente vers un état d'esprit plutôt que vers un autre. Il faut donc choisir en pleine conscience les messages que l'on adresse à son inconscient. Parce qu'il est « caché » derrière notre conscience, il vaut mieux des messages clairs, qui seront plus efficaces.

Les grands principes de l'EFT

« N'oublions pas que les petites émotions
sont les grands capitaines de nos vies
et qu'à celles-là, nous y obéissons sans le savoir. »

Vincent Van Gogh

Témoignage

« J'ai toujours été très sensible aux parfums, aux odeurs et ce, depuis que je suis toute petite. Une odeur de bougies peut, par exemple, me renvoyer trente ans en arrière, chez ma mamie, car il y avait toujours chez elle une bougie allumée en souvenir de mon grand-père. Et gare à celui ou celle qui l'éteignait intentionnellement !

Mais il y a une odeur particulière qui m'a toujours troublée et je n'ai pas su vraiment pourquoi pendant longtemps. C'était celle d'un parfum connu. À chaque fois que je sentais cette odeur, je me sentais automatiquement nostalgique, légèrement triste, comme si elle me rappelait quelque chose de bon mais de révolu, je n'arrive pas à l'exprimer autrement. En plus, ce parfum possède une odeur très forte, voire entêtante, on peut le sentir de très loin. Ça m'arrivait donc régulièrement de le sentir dans le métro, dans la rue, au supermarché… Et à chaque fois, j'avais cette même sensation douce-amère.

Un jour, au détour d'une conversation, j'en ai parlé à ma mère. Elle s'est montrée très émue en me disant qu'elle comprenait ce que je voulais dire, car cela lui faisait la même chose. En effet, après avoir enquêté, nous nous sommes rendu compte qu'il s'agissait du parfum fétiche de mon père, qui est décédé lorsque j'avais quatre ans environ… Et quand j'ai réalisé cela, plein de souvenirs de lui me sont alors revenus, surtout des images, un peu comme des instantanés que mon cerveau aurait gardés en stock… »

Pauline, 34 ans.

Un peu de théorie

Les origines de l'EFT

La technique de libération émotionnelle, ou EFT (pour *Emotional freedom technique* en anglais), est une méthode utilisée pour réduire l'apparition d'émotions négatives et leurs conséquences (blocages psychologiques, comportements autodestructeurs ou asociaux, etc.). L'EFT fait partie de ce que l'on nomme « les thérapies énergétiques », qui consistent à rééquilibrer les flux d'énergie circulant le long de nos méridiens corporels, comme l'acupuncture par exemple. Mais l'EFT utilise surtout nos connaissances sur le fonctionnement global de la mémoire et du cerveau.

La particularité de l'EFT est sa simplicité : elle ne nécessite aucun matériel et tout le monde peut l'utiliser. En effet, l'EFT s'appuie sur un protocole très simple à mémoriser, même si un peu de pratique est nécessaire. De plus, si, en pratiquant l'EFT, vous arrivez à obtenir des résultats, ces derniers peuvent être immédiats et même définitifs.

L'EFT s'appuie notamment sur le constat que les émotions sont des signaux électriques qui peuvent perturber l'équilibre énergétique, le *« chi »*. Si cette émotion n'est pas gérée efficacement, elle peut provoquer des blocages et avoir des conséquences psychologiques et physiques désastreuses.

L'EFT peut donc être utilisée dans beaucoup de situations perturbantes pour le *« chi »* : douleurs, anxiété, colère, phobies, insomnies, stress, deuil, problèmes relationnels… Certaines personnes l'utilisent même pour réguler leur appétit ou soigner des dépendances !

Émotions et mémoire

Parallèlement à cela, le cerveau mémorise tout (de façon inconsciente), mais la conscience, elle, « oublie » certains souvenirs (heureusement pour notre santé mentale !). Cela ne signifie pas qu'ils seront inaccessibles pour autant ! En effet, le cerveau associe à chaque souvenir une « couleur émotionnelle », ainsi que d'autres informations telles que des odeurs, des sons, des sensations, des pensées, des mots, des images… Et il suffira alors qu'un élément du souvenir « oublié » soit perçu de nouveau pour que l'émotion resurgisse et ce, même si le souvenir ne revient pas dans sa globalité…

Les émotions, négatives ou positives, peuvent ainsi réapparaître facilement. Par exemple, si l'on vous disait de vous souvenir de votre dernier moment de honte… vous ressentiriez alors rapidement ce sentiment puissant. Vous entendriez aussi sûrement cette petite voix intérieure impitoyable qui vous susurrerait *« Tu vois que tu es nul, c'est pour ça qu'on se moque de toi »*, etc. En bref, si l'on poussait suffisamment l'expérience, votre sentiment de honte pourrait être aussi vif qu'au moment où vous l'avez ressenti pour la dernière fois…

C'est particulièrement pour ce type de situations que l'EFT est efficace : cette technique permettrait, en effet, de réduire les émotions négatives liées à certains traumatismes, vous permettant par exemple d'en reparler sereinement, sans rappeler pour autant les pensées et les émotions négatives qui y sont attachées.

Une histoire de méridiens…

Les flux énergétiques circulent dans notre corps en suivant des méridiens : ce sont les « câbles » de notre « circuit électrique corporel ». Si vous êtes en bonne santé émotionnelle, vos méridiens sont équilibrés et ne créent pas de

« courts-circuits », de blocages. L'EFT rééquilibrerait ces blocages à travers le tapotement de plusieurs points méridiens importants. Vous devez donc les trouver pour pratiquer l'EFT.

- Le point « sensible » : c'est le plus important. Il se trouve entre le haut du sein et la clavicule.
- Le point « karaté » : il se situe sur le tranchant de la main, au centre.
- Le point « début du sourcil » : qui se situe sur le côté interne du sourcil.
- Le point « coin de l'œil » : entre l'œil et la tempe, sur la partie osseuse.
- Le point « sous l'œil » : au centre de votre œil, sur l'os.
- Le point « sous le nez » : juste au-dessus des lèvres.
- Le point « menton » : dans le creux du menton.
- Le point « clavicule » : placez vos doigts sur la pointe interne de la clavicule et faites-les descendre de 2 ou 3 cm : vous y êtes (à ne pas confondre avec le point « sensible »).
- Le point « sous le bras » : juste sous l'aisselle, sur la même ligne que le mamelon.
- Les « 5 points de la main » : ils se situent sur la partie extérieure de la main. Les 4 premiers se situent à côté de la matrice de l'ongle, sur le pouce, l'index, le majeur et l'auriculaire. Le dernier point, le point « de gamme » (ou gamut), se situe, lui, entre l'auriculaire et l'annulaire, juste sur le pli entre ces deux doigts.

À RETENIR

L'EFT est une pratique récente issue du courant des thérapies énergétiques. Ces thérapies, souvent d'origine orientale, ont pour objectif de rééquilibrer les flux d'énergie qui traversent notre corps et qui peuvent, en cas d'émotions fortes, être déséquilibrés et provoquer des blocages. L'acupuncture est la thérapie énergétique la plus (re)connue.

En effet, émotions et mémoire sont intimement liées : tous nos souvenirs (en particulier les plus traumatisants) sont empreints d'émotions. Plus important encore : il arrive qu'un élément fasse resurgir en nous des émotions négatives, non parce que cet élément est négatif en soi, mais parce qu'il nous rappelle inconsciemment un souvenir…

L'utilisation de l'EFT nécessite la connaissance de certains points importants dans le corps : les points méridiens, passages obligés de l'énergie corporelle. Le rééquilibrage des flux se fait, en effet, à travers les vibrations engendrées par le tapotement de ces points méridiens.

L'EFT peut donner de bons résultats, et parfois même définitifs !

Utiliser l'EFT au quotidien

« Un problème sans solution est un problème mal posé. »

Albert Einstein

Témoignage

« J'utilise l'EFT depuis quelques mois maintenant, sur les conseils d'un ami acupuncteur. Il est vrai que c'est un protocole plus léger et plus simple que celui de l'acupuncture pour rééquilibrer son capital énergétique, son "chi"*, comme disent les Chinois. Moi, ça me va bien, parce que primo, je n'aime pas les aiguilles (je devrais d'ailleurs utiliser l'EFT pour calmer cette angoisse liée aux aiguilles !). Et ensuite, parce que l'EFT peut s'utiliser un peu partout et tout le temps, de façon très rapide et même assez discrète quand on est un peu aguerri. Au début, j'avoue, j'étais un peu sceptique, même si je suis très branchée "médecines alternatives". Mais contre toute attente, ça m'a vraiment fait du bien ! L'EFT m'aide à combattre mes petits blocages au quotidien, les sensations négatives que l'on peut ressentir quelquefois parce qu'on est fatigué, de mauvaise humeur, un peu patraque… ça aide vraiment. Après, je ne suis pas sûre à 100 % que ce soit vraiment une histoire de méridiens. Peut-être est-ce le fait de se concentrer sur quelque chose, de faire une pause, de faire un peu d'introspection. Au début, je me sentais un peu idiote de dire* "Malgré mon mal de tête au niveau des tempes, je m'accepte complètement"*. Mais maintenant, avec la pratique, je trouve cela naturel de le dire : je m'accepte réellement ! Et tant pis si les autres*

peuvent me trouver quelquefois illuminée... parce que moi, au moins, je sais atténuer mon cafard et mes migraines! »

Claire, 43 ans.

Un peu de théorie

Bien préparer la séquence EFT

La technique de l'EFT se base sur une routine à retenir. Cette routine peut être résumée en quatre phases principales : la phase 1 de préparation (qui comprend la définition et la mesure du problème), la phase 2 de tapotement, la phase 3 qui s'appelle « la gamme des 9 actions » et enfin, la dernière, la phase 4 (qui ressemble en tout point à la phase 2).

Phase 1 : la préparation

Cette phase consiste donc à définir le problème, de la manière la plus précise possible, afin de pouvoir le mesurer, l'accepter, le verbaliser et le traiter. Par exemple, imaginons que vous stressez parce que vous avez une présentation orale à faire le lendemain au travail. L'important, d'abord, est de mesurer ce stress, sur une échelle de 1 à 10, 10 étant un stress maximal (cela permet, entre autres, de mesurer l'efficacité de la séquence). Disons que vous évaluez ce stress à 7 sur 10.

Puis, faites en sorte de formuler le problème, de dire que vous l'acceptez et que vous pouvez le résoudre, en disant par exemple : *« Même si je me sens anxieux pour cette présentation orale, je l'accepte car je sais que je suis capable de la faire avec brio. »* Cette phrase représente ce que les praticiens appellent *« la phrase de préparation »*, qui doit être dite trois fois, tout en tapotant son point « sensible » ou ses points « karaté », au choix. Elle sert à enlever les blocages à l'EFT et à accueillir la suite de la séquence. L'important est qu'elle soit la plus précise possible et dite de préférence à voix haute.

Phases 2 et 4 : les phases de tapotement

La phase 2 consiste à tapoter les points méridiens définis au chapitre précédent : il faut commencer la séquence, dans l'ordre, par le point « début du sourcil » et aller jusqu'au point « auriculaire » (11 points en tout, en excluant donc le point « sensible », le point « karaté » et le point « gamut »). Le tapotement doit être rythmé et relativement rapide (environ 7 à 8 fois sur chaque point en 3 secondes). De plus, vous devez accompagner le tapotement sur chaque point d'une « phrase de rappel », qui aide le cerveau à se concentrer sur le problème et qui doit être répétée pour chaque point méridien. Cette phrase de rappel doit être une version raccourcie de la phrase de préparation : dans notre exemple, ce pourrait être *« anxieux pour cette présentation orale »*.

La 4e phase consiste, elle, en une répétition de la phase 2, raison pour laquelle nous les traitons ensemble. Une fois la phase 4 terminée, vous devez inspirer et expirer doucement mais profondément. Puis prenez le temps de mesurer de nouveau votre ressenti négatif concernant votre « problème » : le stress doit être descendu, si ce n'est à zéro, du moins à un niveau plus acceptable. Vous pouvez même répéter les 4 phases si besoin, pour arriver à un stress nul. Quelquefois cependant, il arrive que le stress n'ait pas disparu parce que ce n'était que la partie émergée d'un autre problème, plus ancien, plus important et plus profond. Il faudra, dans ce cas-là, définir les différents aspects du problème et traiter chacun de ces aspects à l'aide des 4 phases.

Phase 3 : la gamme des 9 actions

Cette phase va certainement vous sembler étrange et si cela vous rebute, dites-vous que c'est pour votre bien et qu'au pire, cela ne peut pas vous faire de mal (évitez juste de le faire devant témoins, peut-être !). Ces 9 actions précises doivent être faites dans l'ordre indiqué. Elles permettent de stimuler différentes parties du cerveau, afin de « recoder » certaines informations problématiques en informations plus positives, ou du moins neutres. Sachez que vous devez, pendant toute la durée de cette phase, tapoter le point « gamut » (entre l'annulaire et l'auriculaire). Ensuite, vous devez faire dans l'ordre les actions suivantes :

1 - Fermer les yeux

2 - Ouvrir les yeux

3 - Ne pas bouger la tête tout en regardant en bas à gauche

4 - Ne pas bouger la tête tout en regardant en bas à droite

5 - Faire, avec vos yeux seulement et sans bouger la tête, un tour complet et lent, dans le sens des aiguilles d'une montre

6 - Faire la même chose, mais dans le sens inverse des aiguilles d'une montre.

7 - Chanter une chanson pendant 5 secondes environ (n'importe laquelle, avec des paroles de préférence, comme *« Au clair de la lune »*)

8 - Compter jusqu'à 5 à haute voix

9 - Chanter de nouveau la même chanson pendant 5 secondes

N'oubliez pas que vous devez, ensuite, répéter la phase 2 pour conclure la séquence. Puis, pensez à mesurer de nouveau votre émotion négative (par exemple, votre stress en pensant à la présentation orale du lendemain) pour voir si la séquence a été efficace.

À RETENIR

Une grande partie de l'intérêt de l'EFT réside notamment dans le fait que le rééquilibrage des flux énergétiques se fait toujours selon la même routine, que ce soit pour un problème d'anxiété ou d'insomnie, pour une colère mal digérée ou encore un mal de tête persistant. Cela la rend simple et pratique à utiliser une fois qu'on l'a retenue.

La phase de préparation sert à définir le problème de façon précise. Les trois autres phases sont celles qui vous permettront de rééquilibrer vos flux énergétiques. Leur déroulement doit se faire dans un ordre précis, même si, avec un peu de pratique, il est possible d'apprendre à choisir le ou les points méridiens les plus efficaces selon les blocages.

Cela signifie que plusieurs séances sont peut-être nécessaires. Mais cela signifie surtout que le problème est certainement plus profond ou complexe que prévu. Dans ce cas-là, les différents aspects du problème doivent être traités pour le résoudre définitivement. Mieux vaut alors se faire aider par quelqu'un de confirmé dans la pratique de l'EFT.

Soigner les phobies avec l'EFT

« Je n'ai pas d'autre ennemi à craindre que la peur. »

Frédéric-Lawrence Knowles

Témoignage

« J'ai toujours eu peur de l'eau. Petit, cela se traduisait par la phobie de me retrouver la tête sous l'eau par exemple, ou de devoir plonger alors que je n'avais pas pied. Du coup, évidemment, cette peur était démultipliée par le fait que je n'avais jamais appris à nager... Il y a deux ans, je suis parti en Égypte et j'y ai rencontré quelqu'un, Emma. Emma est belle, intelligente, marrante, mais aussi très sportive : elle aime particulièrement les sports nautiques comme la planche à voile, la plongée, le surf... j'étais à la fois bien et mal tombé, puisque moi, rien que l'idée de mettre un tuba me donnait des sueurs froides ! Comme notre relation s'est prolongée bien au-delà du voyage et que j'avais envie de partager d'autres choses avec Emma, j'ai décidé de soigner ma phobie et j'ai pris rendez-vous avec un praticien EFT, en me disant : "On ne sait jamais"*. Et je ne le regrette pas ! En trois séances, il a réussi à me faire plonger la tête sous l'eau dans une piscine sans angoisse et mieux, il m'a appris comment utiliser cette technique par moi-même, pour que je puisse continuer à traiter ma phobie. Comme il disait :* « Je ne serai pas derrière vous à chaque fois que vous devrez aller dans l'eau ! » *Depuis, j'ai appris à nager et là, grande nouvelle, Emma et moi avons pris deux billets pour Tahiti et*

ses lagons bleu turquoise… J'envisage même d'apprendre la plongée. Bref, je nage dans le bonheur ! »

Guillaume, 43 ans.

Un peu de théorie

Utiliser l'EFT pour soigner ses phobies

Tout d'abord, il peut être utile de bien définir le terme de phobie, afin de mieux le comprendre. Une phobie est considérée comme une pathologie, dont le symptôme principal est une peur spécifique, intense et incontrôlable face à un objet ou une situation. Certains de ces « objets phobiques » sont assez « compréhensibles » et peuvent, en effet, représenter un danger (comme les serpents ou les araignées), mais on peut aussi être phobique de choses que les autres considèrent en général comme normales ou inoffensives.

Il existe beaucoup de phobies différentes : peur du noir, phobie sociale (peur d'être jugé par autrui), phobie des araignées, des serpents (ou des poules !), des aiguilles… Certaines phobies sont bien plus invalidantes que d'autres : la phobie sociale peut, par exemple, entraîner un repli sur soi, une dépression et même d'autres phobies. Et même si l'on peut être conscient que sa phobie est irrationnelle, parfois on ne peut parvenir à contrôler ses émotions. Pire, on peut culpabiliser et avoir honte de soi, car on a alors l'impression d'agir bêtement ou d'être un poids pour les autres. Enfin, une autre conséquence de la phobie est que l'on développe une stratégie d'évitement afin de ne pas être exposé à son « stimulus phobique ». Cela reste assez facile à faire quand on a peur des serpents, mais c'est beaucoup plus difficile quand on souffre de phobie sociale ou même d'une phobie des araignées !

La méthode EFT

L'avantage de l'EFT pour soigner ses phobies est que cette méthode n'oblige pas à s'exposer directement au stimulus phobique pour vaincre sa peur. La même routine peut être mise en place que pour soulager d'autres problèmes : quatre étapes, toujours les mêmes, doivent être déroulées toujours de la même manière. En revanche, il est possible que cela prenne plus d'une séquence pour soigner complètement sa phobie, parce qu'il est important, pour vraiment guérir, de traiter tous les aspects du problème. Par exemple, il est préférable de remonter aux origines de la phobie (souvent une expérience traumatisante) afin d'utiliser l'EFT de façon pertinente et efficace. On tapotera alors en disant : « *Même si à l'époque, j'ai cru que j'allais mourir noyé quand je me suis baigné, je m'accepte complètement et je sais que je suis maintenant en sécurité.* » On peut aussi utiliser la routine de tapotement pour repérer et soigner tous les aspects du problème, aussi divers soient-ils : l'expérience qui a créé la phobie, mais aussi la honte ou la culpabilité qui en découle, le sentiment d'impuissance face aux vagues, les symptômes physiques, la peur de mourir, la peur de ne plus pouvoir respirer...

Pour trouver tous les aspects d'un même problème (ou son origine), il faut se poser les bonnes questions, par exemple : « *Quand cette phobie a-t-elle commencé ?* », « *Que me rappelle-t-elle ?* », « *Qu'est-ce que je ressens exactement quand je m'imagine dans cette situation ?* », etc.

La clé du succès : la précision des termes employés

En fait, pour que la méthode soit la plus efficace possible, il importe surtout d'être extrêmement précis quand on formule la phrase de préparation, afin de ne pas se tromper de « sujet ». Par exemple, quand on a peur de l'eau, on peut dire : « *Même si j'ai peur de l'eau, je m'accepte complètement* », mais ce ne sera peut-être pas assez précis. En effet, au fond, on a peut-être peur des vagues nous entraînant au large, des eaux stagnantes d'un lac, des poissons qu'on imagine monstrueux et qui se baladent sous nos pieds...

C'est la même chose pour les serpents par exemple. Dire : « *Je suis en sécurité, même si j'ai peur des serpents* » ne suffira peut-être pas. Il faut se demander : « *Qu'est-ce qui me fait vraiment peur quand je pense aux serpents ?* » Est-ce la peur d'être mordu et de sentir le venin se diriger froidement vers son cœur, ou de mourir comprimé par un boa ? En effet, imaginons que c'est le mouvement du serpent quand il rampe qui vous fait peur, son côté rapide, imprévisible, sinueux, mais que vous omettez de le préciser pendant la phase de préparation. Vous vous tapotez donc en disant simplement : « *Même si je ressens des bouffées d'angoisse, que je transpire et que mon cœur bat plus vite rien qu'à la pensée de voir un serpent, je m'accepte complètement et je sais que je suis en sécurité.* » Il est possible alors que vous restiez serein à la vue d'un serpent immobile en pleine digestion… mais que vous soyez pétrifié s'il se met à bouger !

À RETENIR

Les phobies sont des peurs irraisonnées et incontrôlables dans des situations ou face à des « objets » ou êtres vivants pouvant paraître, en effet, dangereux... ou bien encore complètement inoffensifs pour les autres. Elles se concrétisent par une anxiété modérée à intense, voire par des attaques de panique parfois très invalidantes pour la personne concernée.

L'utilisation de l'EFT pour soigner ses phobies peut être une bonne solution dans la mesure où, par exemple, il n'est nul besoin de s'exposer au stimulus phobique pour se soigner pendant une séance. La routine de tapotement est la même que pour les autres utilisations de l'EFT et peut être renouvelée tant que la phobie n'est pas totalement soignée.

En effet, chercher l'origine de sa phobie peut être un bon moyen de la soigner, même si ce n'est pas obligatoire. On peut très bien dire : *« Même si je ne sais pas d'où vient cette phobie... »* En revanche, il faut veiller à être le plus précis possible sur les autres aspects de sa phobie et ne pas hésiter à faire plusieurs séquences pour la soigner.

Mincir grâce à l'EFT

« Un grand sacrifice est aisé, mais ce sont
les petits sacrifices continuels qui sont durs. »

Goethe

Témoignage

« J'ai décidé il y a trois ans de faire plus attention à ma ligne, car j'arrive à un âge où les excès commencent sérieusement à se voir sur le tour de taille. J'ai donc commencé par faire plus attention à ce que je mangeais : j'ai arrêté le fromage, la charcuterie, le vin, les boissons sucrées, etc. Ça a marché pendant quelque temps et j'ai perdu 4 kg, mais il a suffi de deux mois pour les reprendre quand je me suis relâché. Il faut dire, à ma décharge, que je suis quelqu'un de très sociable et que je suis donc souvent invité chez des amis par exemple. Et à vrai dire, j'avais beaucoup de mal à dire non à mes hôtes (ou au saucisson servi en apéro) ! Et puis, je ne me voyais pas ramener mes haricots verts et mes boissons sans sucre à tous les dîners ! Du coup, j'ai essayé d'autres régimes, avec toujours le même problème : je maigrissais, certes, mais je reprenais tout le poids perdu très rapidement ! Bref, j'ai décidé d'aller enfin voir une diététicienne, qui m'a donné des règles claires à respecter, mais qui m'a aussi proposé de faire quelques séances d'EFT avec elle, pour m'aider à ne pas craquer. Résultat : j'ai dit des choses que je n'aurais jamais pensé dire (sur mon manque de confiance en moi, ma culpabilité quand je ne finis pas mon assiette, le sentiment d'être impoli si je refuse un des-

sert…), mais ça a marché ! Maintenant, je n'ai plus envie de manger jusqu'à me sentir plein à craquer, et j'ai maigri de 7 kg sans les reprendre et sans totalement me priver ! »

Thibault, 44 ans.

Un peu de théorie

Changer ses habitudes, c'est difficile !

L'EFT peut être utile pour soigner certains symptômes physiques d'anxiété, ou certaines douleurs comme les maux de tête, mais peut aussi se révéler extrêmement utile dans d'autres cas où le corps est mis à contribution (et parfois à mal), comme dans les régimes ou les sevrages tabagiques. En effet, dans ces cas-là, les blocages émotionnels, les croyances négatives et les compulsions peuvent être difficiles à contourner : du coup, on rechute, on se sent coupable, on a honte, on se dit qu'on est nul et qu'on n'y arrivera jamais et que perdu pour perdu… autant continuer à manger n'importe quoi ou à fumer comme un pompier. Cela vous rappelle quelque chose ? C'est normal, c'est ce que traverse la très grande majorité des gens essayant de maigrir ou d'arrêter de fumer. Alors, ne désespérez pas !

Concentrons-nous sur les régimes. D'abord, il faut souligner que tous, nous savons plus ou moins ce qu'il faut faire pour maigrir : faire du sport, ralentir la consommation de sucre, de gras et d'alcool, etc. Alors, pourquoi n'y arrivons-nous pas ? Parce que changer ses habitudes, ce n'est pas simple ! Il faut parfois, d'abord, faire en sorte d'évacuer tout l'aspect émotionnel, psychologique, de ses habitudes pour pouvoir s'en débarrasser et en créer de nouvelles ! En effet, notre rapport à la nourriture est très révélateur de notre personnalité, de notre passé, de nos petites névroses, angoisses ou croyances.

Les clés émotionnelles liées à la nourriture

Par exemple, certaines personnes, comme Thibault, se sentent coupables de ne pas terminer leur assiette. Leur maman leur disait par exemple : *« Il reste à peine trois bouchées, allez, fais-moi plaisir ! »* ou *« Tu sais que certains enfants meurent de faim ? Tu n'as pas honte ? »*, etc.

Évidemment, quand on y réfléchit, il est évident que les enfants qui souffrent de famine en Afrique ne vous remercieront pas ou ne se sentiront pas plus rassasiés si vous mangez tout le plat... Mais même si elles sont illogiques, ces injonctions répétées peuvent créer des blocages émotionnels qui se concrétisent, une fois adulte, par de la culpabilité et par l'impossibilité de ne pas finir son assiette !

D'autres ont tendance à se faire du bien par la nourriture sucrée en particulier, car cette dernière stimule la production d'hormones associées au plaisir... Mais l'effet de ces hormones est court, ce qui nous donne inexorablement envie de le renouveler, un peu trop souvent parfois... Ce qui contribue à accumuler ces « kilos émotionnels » si difficiles à supprimer si l'on n'a pas la clé !

Il faut donc se poser certaines questions afin d'être plus au clair avec son rapport à la nourriture. Les diététiciens conseillent souvent de noter, pendant 15 jours environ, 1) ce que l'on mange précisément, 2) l'heure à laquelle on mange, 3) l'état d'esprit dans lequel on est au moment de manger – déprime ou ennui par exemple – et 4) notre degré de faim au moment de manger (sur une échelle de 1 à 10 par exemple).

La séquence EFT « spéciale régime »

Si le régime porte sur des compulsions liées à un ou plusieurs aliments en particulier, le mieux est de faire la séquence EFT alors que vous mourez d'envie de manger cet aliment. Mesurez ce désir sur une échelle de 1 à 10 et ne commencez pas la séquence avant d'être au moins à 7/10.

Essayez ensuite d'isoler la partie du corps qui a vraiment « envie de manger » : est-ce pour ressentir du plaisir dans votre ventre ? Dans votre tête ? Dans votre bouche ? Puis, faites la séquence complète en formulant la phrase de préparation suivante : « *Même si j'adore manger des chips, je préfère avoir un corps sain et mince et je sais que je vais y arriver* » ou « *Même si mon ventre a très envie de ces chips et que ma bouche salive rien qu'à cette idée, je m'accepte complètement et je sais que je vais résister.* » La phrase de rappel pourra alors être : « *Mon ventre a envie de chips.* »

Il peut être utile aussi de travailler sur le fait que vous n'arriviez pas à dire non lors d'un repas entre amis par exemple. Par exemple, avant d'y aller, vous pouvez tapoter en disant : « *Même si ça fait plaisir à mes amis que je me resserve, je sais que ce n'est pas impoli et qu'ils ne m'en voudront pas de ne pas me resservir !* » Même chose pour la « nourriture de réconfort » : ce n'est pas le fait de manger qui vous ramènera votre conjoint(e) après une dispute ! Dites-vous donc : « *Même si je me sens mal en ce moment, je m'accepte pleinement et je sais qu'il y a d'autres moyens que manger pour canaliser mes émotions négatives.* »

À RETENIR

Les habitudes les plus tenaces (comme c'est le cas des dépendances par exemple) le sont en général parce qu'elles répondent à un besoin, ou correspondent à un schéma cognitif profond. Changer cette habitude sans répondre au besoin qui lui correspond est donc contre-productif, car vous pouvez être sûr qu'elle reviendra au moindre relâchement.

Manger n'est pas un acte anodin : ce que l'on mange et surtout la façon dont on mange en disent peut-être plus long sur nous que notre façon de nous habiller. Les « kilos émotionnels » sont ceux que l'on prend à cause d'un ou de plusieurs blocages émotionnels, que l'EFT peut nous aider à lever, notamment en nous aidant à nous poser les bonnes questions.

L'EFT peut donc nous aider à retrouver et à modifier les croyances que l'on a sur la nourriture et sur la relation que l'on entretient avec celle-ci et certains aliments en particulier. Donc, au passage, retenez bien ceci : non, le sucre ne résoudra pas vos problèmes conjugaux et oui, vous avez tout à fait le droit de ne pas terminer votre assiette !

Mieux élever ses enfants avec l'EFT

« Une mère doit toujours réfléchir deux fois.
Une fois pour elle, une fois pour son enfant. »

Sophia Loren

Témoignage

« Quand Jules est rentré à l'école, ça a été un véritable enfer. Il pleurait et disait qu'il avait mal au ventre et à la tête tous les matins. Moi, ça m'angoissait et je me sentais vraiment coupable de le laisser comme ça. C'est même mon mari qui a fini par amener Jules à l'école, parce que ça devenait trop dur pour moi. J'ai même pensé arrêter de travailler (alors que je venais de reprendre le travail) pour lui faire l'école à la maison, mais évidemment cela n'était financièrement pas possible et puis, Bastien, mon mari, était formellement contre. J'ai donc fini par amener Jules chez un psychologue, qui m'a dit qu'il fallait traiter cette anxiété pour que cela ne se transforme pas définitivement en phobie scolaire : nous avons donc commencé une thérapie avec lui. Ce qui m'a étonnée, c'est qu'il m'a par ailleurs proposé de voir l'un de ses collègues au sein de son cabinet médical, un praticien EFT, qui avait des résultats encourageants avec les enfants. Et, en effet, les résultats ont été à la hauteur de mes attentes ! Tout d'abord, il a pratiqué l'EFT sur moi, pour traiter mes propres angoisses (celle, notamment, de laisser mon enfant à quelqu'un d'autre, alors que j'avais eu une relation fusionnelle avec lui pendant 3 ans). Puis il a traité Jules, qui a

été apaisé tout de suite. Et même si quelquefois les pleurs reviennent, j'arrive maintenant à le calmer en le massant sur certains points et en le rassurant. L'EFT a vraiment changé notre approche de l'école ! »

Maïwenn, 35 ans.

Un peu de théorie

Être un meilleur parent (mais non un parent parfait !)

L'EFT, de par son aspect non invasif et simple, est tout à fait utilisable dans le cadre familial. En fait, il est même conseillé de l'utiliser, que ce soit sur vous-même ou sur vos enfants. Et les occasions sont nombreuses pour le faire ! Point important : il est crucial, avant d'utiliser l'EFT avec un enfant, que vous ayez d'abord traité vos propres angoisses et problèmes, car comme vous le savez, un enfant est un peu comme une éponge, il absorbe ce qu'on lui dit. Il est donc important que vous soyez apaisé avant de vouloir aider votre enfant. Par exemple, rien ne vous empêche, après l'avoir grondé, de faire une séquence EFT sur vous-même, en disant par exemple : *« Même si j'ai été en colère contre mon enfant, même si je me sens coupable de lui avoir crié dessus, je choisis de me pardonner et de m'accepter en tant que parent imparfait mais qui fait de son mieux. »*

Surtout, dites-vous bien que le parent parfait n'existe pas. Arrêtez de vous comparer à d'autres familles ou d'autres parents, qui semblent (selon vous) faire mieux que vous : demandez-leur conseil éventuellement, discutez de leurs méthodes, mais dites-vous que même ces parents-là peuvent être aussi épuisés et inquiets que vous. Ce qui est certain, c'est qu'élever un enfant fait ressurgir des choses oubliées de sa propre enfance et qu'il n'est pas toujours simple de gérer ses propres émotions face à un enfant qui pleure, qui crie ou qui n'obéit pas. Mais encore une fois, ce n'est simple pour personne !

Aider l'enfant à mieux gérer ses émotions

Vous pouvez pratiquer l'EFT avec des enfants de tout âge, que ceux-ci soient en âge de parler ou non. L'EFT est d'ailleurs particulièrement utile, car cette technique leur permet de mieux appréhender leurs émotions, de les accepter comme des choses normales pour ne plus en avoir peur. Et vous savez qu'à long terme, une bonne intelligence émotionnelle est la clé d'une vie heureuse et épanouie.

En fait, l'erreur la plus courante que vous pourriez faire en tant que parent serait de minimiser ou de nier les émotions de vos enfants, par exemple parce que vous avez vous-même vécu cela pendant votre enfance. Cela consiste à dire par exemple : « *Mais non, tout va bien* » ou « *Mais que tu es grincheux !* » à un enfant en colère ou qui dit qu'il est triste ou effrayé. Imaginez donc, en tant qu'adulte, que vous exposiez un problème important à quelqu'un et que ce dernier le balaie d'un geste de la main en disant : « *Ce n'est rien, ce n'est pas très important* » ou encore « *Tu t'inquiètes pour rien.* » Comment le prendriez-vous ? Probablement mal. De plus, vous n'auriez plus envie de parler de votre problème ni à cette personne, ni peut-être à d'autres personnes. Et, enfin, vous auriez même envie (et vous feriez tout pour) que ce problème arrive… pour prouver aux autres que vous aviez raison ! En bref, vous finiriez par faire des bêtises et avoir des pensées et des comportements destructeurs, voire autodestructeurs. Voilà ce que risque un enfant dont on ignore les émotions !

En pratique

Selon les situations (notamment l'âge de l'enfant), on utilisera différentes techniques ou astuces pour faire en sorte que l'enfant se tapote ou accepte de se faire tapoter, mais dans tous les cas, l'important est de ne pas lui mettre la pression. Soyez ludique !

Par exemple, il vaut mieux qu'il fasse lui-même les gestes sur son corps. Cela lui donnera un sentiment de contrôle très positif. Rappelez-vous que l'important n'est pas qu'il fasse chaque geste parfaitement bien, mais qu'il se prenne au jeu et ait envie de continuer. Le mieux est peut-être de faire les gestes sur vous et de lui demander de faire la même chose sur lui. Si, cependant, vous tenez à le faire vous-même, demandez d'abord la permission de l'enfant. Ensuite, utilisez un vocabulaire adapté à son âge : les phrases du type « *Je m'accepte totalement* » peuvent sembler trop décalées. Dites des choses simples, comme : « *Je suis un super petit garçon.* » De plus, pour mesurer son problème, utiliser une échelle de 1 à 10 peut être impossible. Faites donc en sorte que l'enfant mesure son problème autrement, de façon physique (en écartant plus ou moins les mains par exemple) ou imagée. Enfin, il peut être utile de pratiquer l'EFT sur une poupée ou son doudou d'abord, pour le rassurer : « *Alors, qu'est-ce qu'il y a Doudou ? Tu es triste ? Même si tu es triste, je t'aime quand même et tu es quand même le meilleur des doudous !* » Vous verrez que votre enfant sera content et reconnaissant que vous ayez soigné son doudou !

À RETENIR

En effet, être parent demande beaucoup de patience, mais surtout du recul sur soi et même de l'indulgence. Car éduquer ses enfants entraîne forcément des réflexions sur sa propre enfance, ses propres traumatismes, sa propre éducation. Et souvenez-vous que les enfants sont comme des éponges : si vous n'êtes pas bien, votre enfant ne le sera pas non plus !

En effet, la gestion de ses émotions (et de celles des autres) est la première condition d'une bonne santé émotionnelle. Cela s'apprend dès l'enfance. L'EFT permet ainsi à l'enfant de mettre des mots sur ses émotions, afin qu'il les appréhende et les vive mieux. Et puis, c'est tellement plus facile de rééquilibrer un enfant qu'un adulte !

Faites de l'EFT un jeu, un moment privilégié entre vous et votre enfant, à certains moments clés par exemple (au coucher, après l'école, avant la sieste…). Autonomisez votre enfant pour qu'il se tapote lui-même, en lui montrant l'exemple. Il intégrera tous les gestes naturellement. Utilisez, enfin, des objets comme son doudou pour le rassurer.

Des êtres rationnels… et pétris d'émotions

Anxiété, stress, colère, peur, jalousie, honte, culpabilité… Autant d'émotions difficiles à contrôler et que l'on aimerait éviter de ressentir. Cependant, la nature est (assez) bien faite : si ces émotions existent, c'est qu'elles ont un rôle bien précis. Celui, notamment, de nous renseigner sur nous-mêmes, de nous empêcher de faire des choses dangereuses ou de côtoyer des personnes négatives. Elles peuvent aussi nous pousser à agir de façon morale ou « sociale » (c'est en effet, à la base, le rôle de la culpabilité), et à prendre soin des personnes que l'on aime, partager des moments heureux avec elles. Les émotions nous aident, enfin, à prendre des décisions difficiles, et surtout à mieux comprendre les autres, à travers l'empathie, afin de construire des relations épanouies et positives.

Et pourtant, malgré tous ces bénéfices, ce que nous retenons en général des émotions, c'est le sentiment qu'elles nous trahissent, qu'elles nous font agir avec impulsivité. Combien de fois, après un accès de colère, avons-nous regretté de ne pas voir agi de façon plus « raisonnable » ? Et puis, les émotions sont si complexes, si difficiles à cerner, à comprendre quelquefois…

Finalement, nous pourrions nous questionner longtemps sur les émotions et leurs conséquences sur nos vies… Mais le plus raisonnable est encore d'essayer de vivre avec ces émotions, apprendre à mieux nous connaître, anticiper nos réactions, repérer ce qui nous fait plaisir ou mal, et améliorer notre façon de gérer douleur ou bonheur. Et puis nous savons maintenant que « maîtriser nos émotions », ce n'est pas les cacher ou pire, les nier. Alors, au lieu de nous mentir en répondant *« Ça va, ce n'est rien »* à nos proches quand nous n'allons pas bien, apprenons plutôt à verbaliser nos émotions avec des phrases simples du type *« je me sens triste/en colère/nostalgique… »*. Cela vous fait déjà du bien… non ?

Auteurs : Marie-Laure Cuzacq, Frédérique Van Her, Myriam Jézéquel et Charlotte Legris

EDITIONS ESI

Éditions ESI
100 rue Petit, 75019 Paris

Imprimé par FINIDR - Lipova cp. 1965 - 73701 Cesky Tesin - République tchèque

ISBN : 978-2-8226-0367-6
N° Sofedis : S558597